VIVER
APAIXONADAMENTE

Dados Internacionais de Catalogação na Publicação (CIP)
(Câmara Brasileira do Livro, SP, Brasil)

Grün, Anselm
Viver apaixonadamente / Anselm Grün, Hsin-Ju Wu ; tradução de Milton Camargo Mota. – Petrópolis, RJ : Vozes, 2025.

Título original: Wofür brennst du?
ISBN 978-85-326-7242-1

1. Cristianismo 2. Espiritualidade 3. Paixão
I. Wu, Hsin-Ju. II. Título.

25-276340 CDD-248.4

Índices para catálogo sistemático:
1. Espiritualidade : Cristianismo 248.4

Eliane de Freitas Leite – Bibliotecária – CRB-08/8415

Anselm Grün
Hsin-Ju Wu

VIVER APAIXONADAMENTE

Tradução de Milton Camargo Mota

EDITORA VOZES

Petrópolis

Direitos autorais da edição
brasileira e ano da edição conforme
acordo com Agência Literária
Carmen Balcells.

Tradução do original em alemão
intitulado *Wofür brennst du?*

Direitos de publicação em língua
portuguesa – Brasil:
2025, Editora Vozes Ltda.
Rua Frei Luís, 100
25689-900 Petrópolis, RJ
www.vozes.com.br
Brasil

Diagramação: Editora Vozes
Revisão gráfica: Samir Amaral Hauaji
Capa: Rafael Machado

ISBN 978-85-326-7242-1 (Brasil)
ISBN 978-3-7365-0510-0 (Alemanha)

Este livro foi composto e impresso pela Editora Vozes Ltda.

Sumário

Introdução

Mais prazer na vida!

Quando as pessoas se candidatam a uma vaga de emprego numa empresa, não são apenas suas habilidades que são questionadas. Líderes de RH inteligentes preferem perguntar: "Pelo que você é apaixonado?" Hoje, muitos empresários se queixam de que os jovens não trazem mais paixão consigo. Eles só perguntam sobre o salário, os dias de férias e a carga horária. No entanto, se eu não tenho um fogo interior por meu trabalho, ele se tornará rapidamente um fardo para mim. Como não tenho paixão por uma tarefa específica ou pelo serviço prestado a outras pessoas, me falta energia para realizá-los. Então, enquanto estou no trabalho, já fico ansioso pelo fim do expediente. Quando sentimos isso, estamos, na verdade, perdendo tempo. O tempo de trabalho só se torna tempo bem aproveitado quando temos paixão pelo que fazemos. Nesse caso, o próprio trabalho se transforma em prazer de viver.

Todavia, não é que não exista esse fogo, pois muitas pessoas se empolgam facilmente com algo. Durante uma entrevista de emprego, elas falam sobre o quanto são apaixonadas pelas tarefas e pelos objetivos da empresa. Mas, após curto período, quando a rotina se instala, descobre-se que essa paixão foi apenas um fogo de palha, que se apaga rapidamente. E, no fim, resta apenas cinza. A paixão precisa ser alimentada. Precisa de "combustível" e de oxigênio, de amplidão, para que o fogo não pare de arder. A paixão deve ser nutrida de dentro para fora, a partir dos nossos recursos internos, como também precisa de disciplina para ser mantida viva, para que arda por longo tempo.

Quando falamos sobre o tema da paixão, frequentemente ouvimos queixas: muitas pessoas não têm essa característica hoje em dia. Políticos, atletas, já não têm paixão, eles só querem se exibir. Mas eles não ardem por suas crenças, por sua equipe. Numa entrevista, Bastian Schweinsteiger comentou sobre a eliminação precoce da seleção alemã na Copa do Mundo no Catar, dizendo que os jogadores não "queimam" em campo; ele, pelo menos, não havia percebido isso. O treinador Hansi Flick discordou. Mas a questão é: o que faz o time queimar? O trabalho em equipe ou o desempenho individual, a exibição bem sucedida de si mesmo? É frequente constatarmos que não são os times com os melhores jogadores individuais que ganham, mas aqueles em que todos se entregam ao trabalho em equipe.

Encontramos algo semelhante na Igreja: cristãos comprometidos reclamam que faltam aos seus padres e pastores a paixão pela mensagem cristã, que eles não demonstram paixão pelas pessoas. Fazem o seu trabalho, mas a gente não sente o fogo que poderia aquecer os outros. O mesmo se aplica aos jovens que se interessam pela vocação sacerdotal ou religiosa. Só se pode ser um bom conselheiro espiritual quando se tem o desejo de que os outros trilhem um bom caminho na vida, quando se pega fogo pela mensagem de Jesus.

Às vezes já perdemos nossa paixão. A brasa que queimava dentro de nós se apagou. Talvez já tenhamos sido ardentes em algum momento. E agora pode ser que tenhamos caído no perigo da extinção da chama, que ameaça especialmente aqueles que ardem por alguma coisa mas esquecem suas limitações internas, aqueles que veem apenas a paixão, mas ignoram a disciplina necessária para que a paixão possa ser duradoura.

O tema "paixão" tem muitas facetas. Até hoje a palavra provoca sentimentos ambíguos. Alguns pensam imediatamente que esse é um conceito próximo da noção de pecado. Quem ama apaixonadamente não tem limites, essa é a opinião de muitos. Outros associam a paixão à ideia de ser dominado por ela e ser levado a ações que contradizem a razão. Os ascetas veem na superação das paixões o objetivo de seus esforços. Por outro lado, os teólogos Johannes Bours e Franz Kamphaus estão convictos de que Deus nos ama apaixonadamente e também quer ser amado por nós com toda a paixão. É nesse sentido que eles, em seu livro *Paixão por Deus* (2010), interpretam a palavra de Jesus: "E amarás o Senhor teu Deus de todo o coração, com toda a alma, com toda a mente e com todas as forças" (Mc 12,30). A palavra grega para força – *ischys* – significa a força da vontade, mas também das paixões. A paixão por Deus é a dinâmica interior de toda a vida espiritual. Nesse livro de Kamphaus e Bours, é citado um dito de Santo Agostinho a um jovem diácono:

> O amor apaixonado é capaz disto: quando aqueles são tocados por nós, que falamos, e nós somos tocados por nos ouvirem, então moramos uns nos outros. E assim, o que eles ouvem falam em nós de certa forma, e nós, de alguma maneira, aprendemos neles o que ensinamos (Kamphaus, 1981, p. 181).

O amor apaixonado é capaz de atingir os candidatos ao batismo. Portanto, ele é o pressuposto para a tarefa de um conselheiro espiritual.

Muitos associam paixão a algo que nos domina, como, por exemplo, uma paixão sexual ou uma paixão por jogos de cartas. No entanto, por trás de toda grande paixão há, em última instância, o anseio de dar um sentido à vida, de direcionar a paixão para algo que a satisfaça por longo tempo. Então, ela se torna uma fonte para o caminho espiritual. Especialmente na mística judaica, como se expressa nas histórias chassídicas, é importante não cortar as paixões, mas transformá-las em força espiritual. Assim, uma história nos conta:

> Um jovem entregou a Riziner um bilhete com um pedido, que Deus o ajudasse a quebrar os maus impulsos. O rabino olhou para ele sorrindo: "Você quer quebrar os impulsos? Vai quebrar as costas e o lombo, mas um impulso você não vai quebrar. Contudo, ore, estude, trabalhe com seriedade, então o mal nos seus impulsos desaparecerá por si só" (Histórias chassídicas, 453).

De modo semelhante ao que ocorre com os Padres do Deserto, não se trata de quebrar as paixões, mas transformá-las, para que o que é mau e prejudicial nelas desapareça e elas possam gerar o bem.

Em 1996, Georg Popp, fundador da editora Arena, em Würzburg, escreveu um pequeno livro intitulado: *Mehr Lust am Leben. Von den positiven Seiten unserer Leidenschaften* (*Mais prazer na vida. Os lados positivos das nossas paixões*). Ele defende a ideia de redescobrirmos a pessoa apaixonada dentro de nós, em contraste com a imagem do homem perfeito e sem falhas. Pois

> as paixões e os impulsos nos foram dados por Deus para que nossa vida possa se desenvolver e se cumprir. Toda vida morre onde não há mais impulsos na natureza. De igual maneira, se o ser humano não conhece mais impulsos, seu interesse pela vida se apaga, ele perde a esperança, torna-se apático e depressivo (Popp, 1996, p. 12).

Tomás de Aquino tinha uma visão semelhante. Para ele, as paixões são forças propulsoras naturais do ser humano. Elas têm "uma função necessária para que o ser humano possa se dedicar plenamente aos seus objetivos e tarefas ou evitar o mal" (Rotter, 2003, p. 783). Precisamos de paixão para a vida espiritual, mas também para a arte, a ciência. Também é importante nos engajarmos apaixonadamente por outras pessoas e pela justiça no mundo. A paixão é uma força que põe algo em movimento. É o pressuposto da ação criativa. Foi nesse sentido que o filósofo Friedrich Hegel afirmou: "Nada de grande foi realizado sem paixão, nem pode sê-lo".

No acompanhamento de pessoas que vêm à nossa Recollectio-Haus, muitas vezes me assusto quando pergunto sobre a paixão delas. Algumas têm um semblante cansado. É verdade, trabalham muito, mas sem paixão. A fadiga que transparece nelas não tem a ver com a idade. Há jovens que, após poucos anos no serviço de acompanhamento espiritual, já estão cansados. Mas também acompanhei uma irmã de 76 anos que ainda estava repleta de paixão. Ela queria dividir com os outros o que havia aprendido em sua longa vida e lhes transmitir um pouco da sabedoria que ela agora, idosa, personificava.

O teólogo pastoralista Norbert Greinacher escreveu um livro intitulado *Gelassene Leidenschaft - eine heute notwendige Tugend* (*Paixão serena - uma virtude necessária nos dias de hoje*). Greinacher está convencido de que a paixão precisa do contraponto da serenidade, para que não se torne destrutiva, nem seja mal usada. A paixão não deve cegar, pois, caso contrário, ela tentará converter os outros à força ou convencê-los de sua própria opinião. Quem está no esforço de defender sua opinião acaba passando ao largo das pessoas. Por isso, a medida adequada e a serenidade são sempre necessárias, para que a paixão se torne uma bênção e não uma maldição. A paixão serena nos ajuda a lidar com os fracassos. Ela protege contra o fanatismo e o totalitarismo. O mestre sapiencial do Antigo Testamento Qohelet alerta contra os fanáticos da justiça. Pois há justos que perecem por causa de sua justiça. Por isso, Qohelet adverte: "Não sejas demasiado justo, nem te mostres demasiado sábio, para não te arruinares!" (Ecl 7,16). A verdadeira paixão serena permanece disposta a aprender.

Nós os autores - Padre Anselm e Hsin-Ju Wu - temos a mesma paixão de anunciar a mensagem cristã de modo que ela edifique e encoraje as pessoas, que toque seu desejo mais profundo e lhes proporcione esperança para a vida. Nós também nos dedicamos apaixonadamente à espiritualidade beneditina, porque sentimos que ela faz bem para as pessoas tanto na Alemanha quanto em Taiwan, que ela lhes dá firmeza e as ajuda a enfrentar a vida concretamente. Com este livro, nascido de muitas conversas que tivemos entre nós, gostaríamos de despertar nos leitores e leitoras a paixão que cada um certamente tem dentro de si.

Capítulo I

Um olhar sobre a história da paixão

Para poder falar adequadamente sobre esse sentimento tão humano e também muitas vezes percebido como tão ambíguo, é útil lançar uma olhada para trás e buscar a origem do conceito na história da humanidade. Na tradição filosófica grega, a paixão é entendida como um movimento da alma que vem do corpo, ou seja, que tem uma dimensão corpórea e se alimenta da força do corpo. Quatro formas de paixões são diferenciadas: o prazer, a tristeza, o medo e o desejo. Paixões são emoções pertencentes à natureza humana e que, por isso, não devem ser entendidas nem como virtude nem como vício. O fator decisivo é o grau com que elas são vividas.

As paixões, segundo Cassiano e Agostinho, são até mesmo necessárias e úteis para adquirir a virtude. Para Agostinho, além disso, o amor apaixonado dá a uma pessoa o poder de se tornar uma só com a outra. Ela o toca em seu coração e leva a pessoa a se deixar tocar pelo outro. Assim, ela abre as pessoas umas para a outras.

Lactâncio, um Padre da Igreja latina, afirma que não se trata de reprimir a paixão, como exige a corrente filosófica grega dos estoicos, nem de suavizá-la, como pensa a escola filosófica dos peripatéticos, mas de conduzi-la pelo caminho certo, de espiritualizá-la, de impregná-la com o espírito. O Logos, o entendimento, deve guiar a paixão. Para isso, contudo, ele deve "entrar na carne", caso contrário, não terá poder. Ele precisa assumir a carne, caso contrário, não pode atuar. Se não se reconciliar com a carne, ou seja, com o corpo, ele se dissipará, se tornará invisível e inexperienciável. Os Padres da Igreja, como Irineu, veem nisso o mistério da encarnação, de que o *impassibilis passibilis factus est*, de que o Deus sem paixões tornou-se capaz de sofrer em Cristo, de que o sem paixões se tornou paixão por nós (cf. Vögtle, 1959, p. 160-173). Para nós, a encarnação de Deus significa que, também no ser humano, o espírito precisa da paixão para que possa desenvolver sua força: em nossa busca espiritual, em nossa defesa das pessoas e em nosso trabalho por um mundo mais justo e mais humano.

As paixões desempenham papel importante no monaquismo. O Padre do deserto Evágrio Pôntico, que viveu no final do século IV, escreve sobre as oito, às vezes nove, paixões da alma humana. Ele as chama de *logismoi*, entendendo com isso os pensamentos carregados de emoção, constructos mentais, forças propulsoras no ser humano. Elas podem dominá-lo como paixões demoníacas. No entanto, para Evágrio, o que importa não é erradicar as paixões, mas sim lutar contra elas, confrontá-las, familiarizar-se com elas. Há uma bela história dos Padres que ilustra isso de maneira concreta: Pai Poimen perguntou ao Padre ancião José como deveria lidar com as paixões, se deveria deixá-las entrar ou proibir-lhes qualquer acesso. O ancião José deu-lhe o conselho de deixá-las entrar tranquilamente e familiarizar-se com elas. Desse modo, ele poderia lidar melhor com elas. Como justificativa, disse: "Se as paixões entrarem e deres para elas e delas tirar, elas te tornarão mais cauto" (Apo 386). Devemos tirar daquelas paixões a força que nelas reside. Assim, poderemos seguir nosso caminho espiritual com mais vigor. Se cortarmos ou rejeitarmos as paixões, seremos privados dessa força. No entanto, o ancião José também conhece monges mais fracos, "para os quais não é proveitoso que as paixões deles se aproximem. Eles precisam cortá-las imediatamente" (Apotegma 386).

O objetivo do trato com as paixões é a *apatheia*. Isso não significa que o monge não tenha mais paixões, mas que está livre da fixação patológica nas paixões, como um psicólogo expressaria. Para Evágrio, a verdadeira *apatheia* consiste no amor, que carece de aspirações egoístas. *Apatheia* é "um estado relativamente duradouro de profunda paz, que, sob a influência do amor, surge da plena e harmoniosa integração da vida emocional" (Bamberger, 1986, p. 12).

Decisivo para o monge é a luta com as paixões. Pois ele precisa da força que está nelas contida para viver uma vida espiritual apaixonada, para se entregar completamente a Deus e buscá-lo com paixão. As forças propulsoras das paixões servem ao monge no caminho de sua individuação e em seu relacionamento com Deus e com os outros. Elas o auxiliam em seu trabalho, bem como em sua percepção da natureza e de sua beleza. E elas o ajudam a acompanhar outras pessoas e a conduzi-las ao caminho de uma vida plena.

A psicologia também vê as paixões como fortes forças propulsoras no ser humano. O psicoterapeuta Peter Kutter afirma que hoje em dia grande parte dos sentimentos e paixões desapareceu, sem que percebêssemos: "É verdade, externamente funcionamos de forma irrepreensível, mas nossa vida muitas vezes está estagnada, e muitos, quando não sofrem de vazio interior e tédio, sentem uma espécie de inquietação" (Kutter, 1978, p. 21).

Ele faz uma distinção entre sentimentos, afetos e paixões. Ele chama os sentimentos de "estados da alma". Eles "sempre surgem em relação a outras pessoas" (p. 32). Em contraste com os sentimentos, que marcam a alma de uma pessoa por um período mais longo, os afetos se caracterizam "por uma duração breve, grande intensidade e um estado fisiológico de excitação" (p. 33). Kutter os define como "reações abruptas de alta intensidade". Quando alguém me magoa, sinto-me ofendido e reajo com um acesso de raiva.

Kutter faz uma distinção adicional entre os afetos e as paixões:

> As paixões são, assim como os afetos, intensas e vigorosas, mas não de curta duração, e sim duradouras. Elas podem, do ponto de vista temporal, excitar a pessoa por semanas, meses, até mesmo anos; em outras palavras: preencher toda a sua vida (p. 34).

A paixão contém em si a força de mover algo neste mundo. Ela "é excitante e estimulante. É constante e persistente, sempre concentrada em seu objetivo" (p. 35). Kutter defende que devemos redescobrir as paixões, pois elas enriquecem nossas vidas.

> Viver apaixonadamente significa: fazer o seu trabalho com fervor, entusiasmo, aproximar-se do outro, acolhê-lo, colocar-se no lugar dele, envolver-se em relações, não ter receio de romper uma vez com os caminhos habituais, engajar-se, dedicar-se com corpo e alma (p. 38).

Nesse sentido, as paixões são necessárias para que possamos lutar por nossas ideias e ideais, nossos valores e um futuro humano em nosso planeta.

Outro psicólogo, Daniel Hell, que também escreveu sobre a psicologia dos Padres do Deserto, fala da pessoa sensível, dotada de alma. Ele defende que a psicologia não deve objetificar a alma como psique, a ser estudada como um objeto. Em vez disso, para ele o elemento central do concernente à alma está "no primado do perceber, do sentir e do querer imediatos" (Hell, 2003, p. 18). O movimento contrário à objetificação da alma está, para Hell, na fome de vivência do homem moderno, que se expressa em esportes radicais, viagens de aventura e na febre do mercado de ações.

> Essa fome de vivência intensa – de uma excitante – não surge por acaso. O êxtase e a intensificação artificial da vida ameaçam se tornar um estilo de vida, se o ser humano – segundo Peter Sloterdijk – também não sentir dentro de si espaços dos quais a física nada sabe (p. 27).

Como o sentir foi reprimido em face da crescente tecnicização da vida e já não existe paixão por valores e pelo trabalho em serviço aos outros, as pessoas buscam êxtase artificial. Por exemplo, elas se jogam presas a uma corda de uma grande altura, para se sentirem a si próprias. Quando me entrego apaixonadamente à ciência, à arte ou às pessoas, então me sinto a mim mesmo com intensidade. Nesse caso, esse sentir é uma fonte de energia que me permite resistir por longo tempo. A excitação que sinto ao saltar para o abismo me fornece apenas um breve aumento de adrenalina, que logo se dissipa e não me proporciona uma energia duradoura para minhas futuras ações e para o cotidiano.

Do ponto de vista da filosofia, o filósofo judeu Emmanuel Levinas descreveu uma imagem fascinante para a origem da paixão: o rosto do outro, no qual encontro sua vulnerabilidade. Quando olho para o rosto do outro, sou desafiado a deixar minha calma egoísta e assumir a responsabilidade por ele. Mas, ao mesmo tempo, ele permanece inacessível para mim. Matthias Schreiber comenta, num artigo da revista *Der Spiegel*: "O vestígio do infinito no olhar do outro torna-o infinitamente precioso para mim". Faz parte da dignidade humana assumirmos a responsabilidade pelo rosto do outro. Segundo Levinas, somos chamados a isso por Deus, que se revela no rosto de um ser humano. Cada rosto, cada outra pessoa, exige de nós um respeito fundamental por sua inexpugnável alteridade. Levinas distingue entre rosto e face. A mera face do outro pode ser objetificada e tratada como objeto. Posso percebê-la e então seguir meu caminho. Quanto ao rosto do outro, no entanto, eu devo contemplá-lo, deixá-lo formar-se como imagem em mim. Nele, encontro o outro, encontro o mistério do outro. Não posso simplesmente passar por ele. O rosto do outro desafia minha paixão, desafia-me a encarar com completo respeito esse rosto vulnerável e a protegê-lo. Hoje, sentimos uma diferença em nossos sentimentos quando falamos com uma pessoa que está realmente diante de nós ou quando a vemos apenas por vídeo. No vídeo, percebemos apenas sua face. Mas no encontro real, olhamos para o seu rosto. Quando realmente percebo o rosto do outro, isso me dá energia. Ele se forma em mim e não me deixa em paz, desafia-me a me engajar pelo outro ou a lutar, junto com ele, por algo que é maior do que nós mesmos.

Capítulo II

Paixão na Bíblia

A Bíblia nos descreve muitas pessoas cheias de paixão:

Moisés

Um exemplo é Moisés. Quando observa que um egípcio está oprimindo seus irmãos hebreus, ele, furioso, o mata. Quando isso se torna conhecido, Moisés foge para Midiã. Aos poucos ele se estabelece no local e acaba casando com uma mulher da região.

Certa vez, quando estava no campo, cuidando das ovelhas de seu sogro, Jetro, ele vê uma sarça que queima, mas não se consome. Nela, Deus se revela a ele. O fogo representa paixão. Portanto, é um Deus apaixonado que se revela a ele, um Deus que intervém apaixonadamente em favor de seu povo. A sarça ardente também é uma imagem do próprio Moisés. Ele arde sem se consumir – esta é a tarefa que Deus lhe dá: ele deve arder por seu povo e por sua libertação da escravidão, mas sem se consumir. A sarça ardente é, além disso, uma imagem de nossa relação com Deus. Ele quer brilhar em nós com sua luz e seu fogo. Mas devemos sempre saber que continuamos mortais e frágeis. O fogo de Deus quer arder em nós sem nos consumir, sem anular nossa fragilidade humana.

Quando Moisés hesita em atender ao chamado de Deus, Deus lhe dá três sinais para demonstrar sua seriedade em relação à missão:

1. Ele deve lançar seu cajado, signo de poder, no chão e ele se transformará em serpente. A serpente pode morder e matar com seu veneno. Por isso, Moisés deve, em seguida, pegar a serpente e transformá-la novamente em cajado, ou seja, (em sentido figurado) em poder construtivo.

2. Moisés deve colocar sua mão dentro de seu manto, então ela ficará branca por causa da lepra. Se ele repetir isso, ficará são novamente. Deus lhe dá, portanto, o poder sobre a saúde e a doença.

3. Ele deve derramar água do Nilo sobre o solo seco, e ela se tornará sangue. O sangue é sinal de vitalidade.

Moisés lidera seu povo para fora do deserto com força e paixão. Quando as pessoas continuam a se rebelar contra ele, a paixão de Moisés se mostra em sua luta com Deus. Ele tem dificuldade em se conformar com sua missão. Ele questiona Deus e luta com ele. Grita para ele: “Que vou fazer com este povo? Mais um pouco e vão apedrejar-me” (Ex 17,4). Quando Moisés desce do monte Horeb, onde recebeu de Deus os Dez Mandamentos, e vê os israelitas dançando em torno do bezerro de ouro, ele fica indignado . Cheio de ira, ele “atirou as placas e as quebrou ao pé da montanha” (Ex 32,19).

Michelangelo esculpiu uma estátua de Moisés, que hoje pode ser vista na Basílica de San Pietro in Vincoli, em Roma, e que representa Moisés em toda a sua paixão. No entanto, a Bíblia diz que ele era mais manso do que todos os outros homens. Evidentemente, ele não se deixou dominar por sua paixão. Mas precisou dela repetidas vezes para conduzir o povo através do deserto até a Terra Prometida. Sem paixão, ele não teria ouvido a missão de Deus e nunca poderia tê-la cumprido.

O que aconteceu com Moisés é algo que muitos líderes de hoje experimentam, assim como políticos e pastores e pastoras. Todos eles querem conduzir as pessoas à vida, despertar vida nelas, criar um futuro melhor para elas. Mas as pessoas temem o caminho para a liberdade e para uma vida plena. Preferem ficar no que é antigo e familiar, assim como os israelitas sempre recordam "os peixes e o alho" que podiam comer no Egito. Para isso, precisamos realmente da paixão de Moisés para não desistir. A paixão nos dá fôlego longo.

Rei Davi

O Rei Davi também foi uma pessoa apaixonada, como, por exemplo, na luta contra aqueles que ameaçavam Israel. Ele conduziu o país a uma nova fase de prosperidade. Mas também demonstrava paixão em suas relações com as pessoas, como em sua amizade com Jônatas, mas, infelizmente, também no que diz respeito às esposas de outros homens. Por exemplo, ele cobiçou a esposa do hitita Urias e arranjou para que ele fosse enviado à linha de frente da guerra, onde morreria. Quando o Profeta Natã lhe mostrou seu pecado, Davi se arrependeu de coração. Na memória do povo, Davi sempre foi o rei ideal. No Salmo 132, está escrito: "Senhor, lembra-te de Davi e de todas as suas provações!" (Sl 132,1).

O Salmo 78 conta como Deus tirou Davi do pastoreio das ovelhas: "do cuidado das ovelhas, levou-o a pastorear Jacó, seu povo, Israel, sua herança. E ele os apascentou com coração irrepreensível e com a perícia de suas mãos os conduziu" (Sl 78,71s.). Sem paixão, Davi não teria se tornado o rei que sempre permaneceu na memória do povo. O mestre de sabedoria, Jesus Sirach, o exalta com as palavras:

> Não foi ele que na juventude matou o gigante e afastou de seu povo a desonra.... Com efeito, invocou o Senhor, o Altíssimo, o qual deu força a seu braço direito para exterminar o poderoso guerreiro e reerguer o poder de seu povo... Em todas as suas obras rendia homenagem ao Santo Altíssimo, com palavras de louvor: de todo o coração cantava hinos, tanto ele amava seu Criador (Eclo 47,4s.8).

As pessoas não ignoram o pecado que Davi cometeu com seu adultério. Mas essa culpa não é levantada contra ele o tempo todo. Hoje isso é diferente, especialmente quando a pessoa ocupa uma posição pública e, por consequência, está sempre na mídia: quando alguém se deixa levar por sua paixão a um comportamento culpável, é implacavelmente perseguido e marcado. Ele não tem mais chances e, com frequência, não recebe uma oportunidade de se desculpar ou até mesmo reconhecer seu próprio comportamento como culpado. No entanto, esse julgamento radical revela, não raro, apenas a dureza daqueles que reprimiram sua própria paixão.

O livro de Jesus Sirac também menciona o pecado de Davi, mas o autor conclui seu elogio com as palavras: "O Senhor lhe perdoou seus pecados e exaltou para sempre o seu poder" (Eclo 47,11).

O Profeta Elias

O Profeta Elias também foi um homem apaixonado. Jesus Sirac diz sobre ele: "Surgiu, porém, o Profeta Elias como um fogo, e sua palavra queimava como tocha" (Eclo 48,1). No monte Horeb, Deus pede explicações a Elias nestes termos: "O que estás fazendo aqui, Elias?" Ele respondeu:

> Estou cheio de ciúmes pelo SENHOR Deus Todo-poderoso. Pois os israelitas abandonaram a tua aliança, demoliram os teus altares, mataram à espada os teus profetas e sobrei apenas eu. Mas também a mim procuram tirar-me a vida (1Rs 19,10).

Na luta apaixonada contra os sacerdotes de Baal, Elias comemora um grande sucesso. Mas quando a rainha Jezabel o persegue, ele foge para o deserto, onde prefere morrer. Ele cai em profunda tristeza, pois sente que não é melhor do que seus pais, pois o que ele combate nos outros também está nele mesmo. Deus precisa levá-lo à escola, para que ele não o busque apenas no terremoto, na tempestade e no fogo, mas o reconheça na suave brisa do vento (cf. 1Rs 19,13).

O terremoto representa o poder de Deus, que deve destruir todo o mal. A tempestade aponta para o entusiasmo apaixonado que alguns fiéis experimentam em seu louvor, assim como o fogo, que é aceso dentro das pessoas.

No entanto, não devemos igualar Deus a entusiasmo. Ele está além dos sentimentos apaixonados, além do fogo, está no silêncio, na quietude. Ali se dissolvem todas as imagens que fizemos de Deus. E tocamos Deus em seu ser mais profundo. Esse silêncio nos preenche com uma nova força interior.

Noivo e noiva no Cântico dos Cânticos

No Cântico dos Cânticos, se procurarmos o termo "paixão" na concordância bíblica, ele geralmente é visto de forma negativa. Fala-se das paixões que nos dominam. No entanto, no Cântico dos Cânticos, no Antigo Testamento, a paixão é identificada com o amor: o amor entre a noiva e o noivo é um amor apaixonado. Esse maravilhoso livro diz sobre ele: "Porque é forte o amor como a morte, e a paixão é implacável como a sepultura: suas centelhas são centelhas de fogo, labaredas divinas. Águas torrenciais não conseguirão apagar o amor, nem rios poderão afogá-lo" (Ct 8,6s.).

O amor é uma paixão que é mais forte do que a morte. Evidentemente, ele também pode se tornar perigoso e nos queimar. Mas, em princípio, o Cântico dos Cânticos tem uma visão positiva da paixão do amor. Nem todo o dinheiro do mundo pode comprá-la. "Se alguém quisesse comprar o amor, com todos os tesouros de sua casa, receberia somente o desprezo" (Ct 8,7). Por isso, é importante lidar com essa dádiva preciosa de modo cuidadoso e amoroso.

Pedro e Paulo

O Novo Testamento nos descreve os dois principais apóstolos como pessoas apaixonadas: Pedro e Paulo.

Pedro é cheio de paixão por seu Senhor. Com frequência, é o primeiro a reagir às palavras de Jesus. Por exemplo, à pergunta de Jesus sobre quem os discípulos dizem que ele é, Pedro confessa: "Tu és o Cristo, o Filho de Deus vivo" (Mt 16,16). Jesus o louva por essa confissão. Mas, quando ele fala sobre seu sofrimento futuro, Pedro o leva para um lado e o repreende duramente: "Deus não permita, Senhor, que isso aconteça" (Mt 16,22).

Pedro tem uma imagem bem específica de Jesus. E ele a defende com paixão. Mas ele tem dificuldade em imaginar um Messias sofredor. Por isso, Jesus o repele com firmeza: "Afasta-te de mim, Satanás. Tu és para mim uma pedra de tropeço, porque não tens senso para as coisas de Deus, mas para as dos homens" (Mt 16,23).

Pedro precisa aprender a não aplicar sua paixão para a sua própria concepção de Deus e de Jesus, mas se envolver com o Jesus que segue caminhos bem diferentes do que ele espera.

Quando Jesus, no discurso sobre o pão, diz que dará aos homens sua carne para comer, os ouvintes acham isso insuportável. E muitos discípulos também se afastam dele. Então, Jesus pergunta aos doze: "Também vós quereis ir embora?" Novamente, Pedro é o primeiro a responder: "Senhor, para quem iríamos? Tu tens palavras de vida eterna" (Jo 6,68).

Antes da Paixão de Cristo, Pedro afirma: "Darei a minha vida por ti". Mas, pouco tempo depois, ele trai Jesus, porque, covardemente, evita as criadas e os servos do sumo sacerdote. Após a ressurreição, ele confessa a Jesus que o ama apaixonadamente. Mas Jesus o confronta com sua falha. Pedro, portanto, não é uma pessoa perfeita, mas alguém que se entusiasma rapidamente e defende Jesus, mas também se deixa facilmente desviar do caminho. Com o tempo, ele aprende a se reconciliar com seus próprios limites e fraquezas e a direcionar sua paixão para o caminho certo. Lucas nos descreve Pedro no livro dos Atos dos Apóstolos como alguém que foi transformado pela morte e ressurreição de Jesus e agora, de uma maneira produtiva, coloca sua paixão por Jesus a serviço da nova comunidade.

Paulo, por outro lado, inicialmente trava uma luta apaixonada contra os primeiros cristãos, especialmente contra os seguidores do diácono Estêvão. Estêvão pertencia ao grupo dos judeus de cultura grega. Ele proclamava uma liberdade que contrariava Paulo, que havia recebido uma educação rigorosa. Paulo se considera um zeloso pela Lei: "E no zelo pelo judaísmo superava muitos dos companheiros de idade da minha nação, mostrando-me extremamente zeloso das tradições paternas" (Gl 1,14). Desse modo, ele se enfurecia contra os cristãos que proclamavam uma liberdade interior em relação à Lei.

Mas depois ele viveu uma completa conversão no caminho para Damasco. O famoso psicólogo suíço C. G. Jung afirmou que Paulo lutava contra os cristãos como representantes de uma nova liberdade, porque na verdade ele estava fascinado por essa liberdade, mas não conseguia conciliá-la com sua visão de Deus. Quando Paulo cai no chão no caminho para Damasco, a paixão pela Lei de repente se transforma em empenho apaixonado pela liberdade dos cristãos. Mas, em sua luta pela liberdade em relação à Lei, percebe-se sua antiga paixão. Sua psique não mudou. Ele agora luta por outros objetivos: não mais pela exata observância da Lei, mas pela liberdade para a qual Cristo nos libertou. Às vezes, sua ira apaixonada se revela nesse combate pela liberdade. Por exemplo, ele escreve cheio de fúria: "Que se castrem de vez os que vos perturbam!" (Gl 5,12). Isso ainda não é uma paixão purificada, mas apenas uma paixão que mudou de direção. No entanto, Paulo aprendeu de maneira árdua, após muitas experiências dolorosas, a chegar à paixão que é cheia de amor, bondade, mansidão e gentileza (cf. Gl 5,22s.).

Maria Madalena

O evangelista João também descreve Maria Madalena como uma mulher apaixonada. Já "bem de madrugada, quando ainda estava escuro" (Jo 20,1), ela se levanta e vai ao sepulcro para sentir a proximidade de Jesus. Para descrever Maria, João usa temas do Cântico dos Cânticos do Antigo Testamento, que diz sobre a noiva que ama apaixonadamente: "Em meu leito, durante a noite, busquei aquele a quem minha alma ama: procurei, mas não o encontrei. Vou levantar-me e percorrer a cidade, as ruas e praças, procurando aquele a quem minha alma ama" (Ct 3,1s.).

Maria Madalena procura aquele a quem sua alma ama. Quando não o encontra no sepulcro, ela corre até Pedro e João. Ambos se dirigem ao local e deparam com o túmulo vazio. Mas depois retornam à cidade. Maria permanece junto ao sepulcro chorando. Suas lágrimas são expressão de seu amor apaixonado por esse Jesus que lhe salvou a vida, que a libertou de sete demônios – como nos conta Lucas. Seu amor apaixonado é recompensado: ela encontra o Jesus ressuscitado. Inicialmente, pensa que é o jardineiro. Mas quando Jesus a chama pelo nome, ela sente seu amor e o reconhece como aquele que venceu a morte, cujo amor é mais forte do que a morte. E assim, Maria Madalena se torna a primeira proclamadora da ressurreição. Agostinho a chamará mais tarde de *apostola apostolorum*, a apostola dos apóstolos.

Contra todos os obstáculos

Portanto, foram homens e mulheres apaixonados que proclamaram a mensagem de Jesus e lutaram por ela. Essa paixão não se deixa deter por obstáculos. Quando os anciãos do povo proíbem Pedro de falar aos outros sobre Jesus, ele responde com ousadia: "Julgai vós mesmos se é justo diante de Deus obedecermos mais a vós do que a Deus. Não podemos deixar de falar do que vimos e ouvimos" (At 4,19s.). Quando os anciãos mandaram prender os apóstolos, um anjo veio libertá-los. O oficial do Templo os leva novamente diante do conselho dos anciãos. Lá, são açoitados e depois libertados. "Os apóstolos se retiraram da presença do Sinédrio, contentes por terem sido considerados dignos de sofrer este vexame pelo Nome" (At 5,41). Nem a prisão nem o açoite conseguem impedir que sua paixão de proclamar incansavelmente o evangelho de Jesus, o Cristo (cf. At 5,42).

O Jesus apaixonado

O próprio Jesus é descrito pelos evangelistas como um homem apaixonado. Ele diz a respeito de si mesmo: "Eu vim pôr fogo à terra, e como gostaria que já estivesse aceso!" (Lc 12,49). O fogo é uma imagem da paixão por Deus. Jesus deseja acendê-lo em seus discípulos. Os discípulos de Emaús sentiram algo desse fogo que emanava de Jesus, quando caminhavam com ele, sem saber que era ele. Só o reconheceram quando ele partiu o pão. Eles disseram um ao outro: "Não nos ardia o coração quando pelo caminho nos falava e explicava as Escrituras?" (Lc 24,32). Quando Jesus fez um chicote de cordas e expulsou os mercadores do templo, seus discípulos se lembraram da palavra das Escrituras: "O zelo de tua casa me consome" (Jo 2,17 = Sl 69,9).

O Evangelho de Marcos nos conta a história da cura do homem com a mão paralisada. Poderíamos dizer: Esse homem não queria se arriscar e sair queimado. Ele sempre quis ser apenas espectador. Ele não tinha paixão. Para esse homem, Jesus diz com todo vigor: "Levanta-te aqui no meio" (Mc 3,3). A palavra grega *egeire* poderia ser traduzida também como "acordar" em vez de "levantar-se". Nesse caso, significaria: "Acorde de uma vez, não fique à margem da vida como espectador. Viva você mesmo".

Quando os fariseus observam Jesus atentamente para ver se podem acusá-lo de curar no sábado, ele olha cada um deles com raiva e tristeza. Ambas são paixão. Mas Jesus não é dominado por essa paixão; ele a usa para se distinguir dos fariseus, para se libertar de seu poder. Ele não grita para eles, mas lhes comunica: Aqui estou eu e faço o que considero certo. Aí estão vocês com o coração duro e obstinado. Esse é o seu problema. Eu não lhes dou poder. Ele transforma a raiva em força para agir a partir do seu centro mais profundo. Jesus não rejeita os fariseus. Ele lamenta por eles, tem compaixão por eles. Ele se põe no lugar deles e sente como eles devem ter o coração caótico e amargo. A raiva também dá a Jesus a força para dizer ao homem com a mão paralisada: "Estende a mão" (Mc 3,5). Ele a estendeu e foi curado. Nessa história de cura, percebe-se a paixão com a qual Jesus cura as pessoas, com a qual ele deseja tirá-las da mera existência de espectadores. Ele quer despertá-las para a vida. Sua paixão pela vida o capacita a curar.

Outra passagem mostra a paixão de Jesus: Ele está ensinando numa sinagoga. Os ouvintes "ficavam admirados de sua doutrina porque sua palavra tinha autoridade" (Lc 4,32). Em grego, é dito: *en exousia en ho logos autou. Exousia* significa literalmente que sua fala procedia do ser. A palavra que Jesus proclamava vinha de seu ser. Ele não moralizava nem falava sobre Deus, mas falava de uma maneira que o ser de Deus se tornava palpável. Em outra passagem, as palavras que Jesus pronunciava a partir do ser, da essência, também fazem que o "espírito impuro" de um homem se manifeste e grite. Ele sente a força que emana da palavra de Jesus. Esse homem não vive do ser, mas de uma aparência, de uma realidade distorcida, turva, impura. Jesus causava espanto: "Todos ficaram espantados e perguntavam uns aos outros: 'O que está acontecendo? Com poder e autoridade manda nos espíritos impuros e eles saem!'" (Lc 4,36).

Jesus possui em si uma força, uma *dynamis*, uma paixão, sem se comportar de forma autoritária. Sua paixão vem de seu ser. É dela que suas palavras extrai sua força, a qual tem efeito nas pessoas. É uma força apaixonada, que não se manifesta com alarde. Jesus simplesmente pronuncia palavras que vêm de seu coração. As pessoas percebem a autoridade com a qual ele fala. Ela emana do seu ser. Portanto, de suas palavras emana uma força que deixa todos maravilhados, mas também assustados, porque é algo extraordinário.

O que o evangelista Lucas escreve sobre Jesus também vale para qualquer pessoa que exerça poder. Se ela não usa seu poder para compensar complexos de inferioridade, mas exerce o poder a partir de seu ser, de seu centro, então esse poder se torna uma bênção para os outros. Nesse caso, essa pessoa não precisa agir de maneira autoritária, mas, com sua paixão, guiará os outros para o seu verdadeiro ser, para o seu centro. Ela fará que as pessoas revelem as falsas imagens de si mesmas e as convidará a se despedir delas. Hoje, muitos têm uma visão negativa do poder. Mas, na realidade, o poder é a força para realizar algo, criar, causar um efeito. Jesus lança mão de seu poder para curar, libertando os doentes das imagens que obscurecem o seu verdadeiro eu. Isso também é importante quando exercemos poder em empresas, na política ou em associações. O poder deve fluir do ser. Então, ele tem força, tem dinâmica. E, assim, ele também leva outras pessoas ao seu próprio ser, ao seu centro, à sua força.

O evento de Pentecostes como um despertar para a paixão

O evangelista Lucas descreve o evento de Pentecostes como algo que desperta a paixão dos discípulos. O Espírito

Santo desce como um vento impetuoso e enche toda a casa onde os apóstolos se encontram. O Espírito Santo se coloca sobre os apóstolos como línguas de fogo. Uma centelha pousa sobre cada um deles. Ela desperta a paixão deles e, de repente, esses jovens começam a falar de uma maneira que todos os entendem, até mesmo as pessoas de outras regiões que falam outra língua.

Mas, para os discípulos, isso não é fogo de palha. Eles deixam o Espírito Santo despertar a sua paixão e, em seguida, também a vivem. Eles traduzem sua paixão em ação e não se deixam refrear, mesmo quando enfrentam resistência, quando Pedro e João são lançados na prisão, quando são expulsos de Jerusalém. Em vez disso, começam a proclamar a Boa Nova de Jesus em Samaria.

Os primeiros cristãos estavam tão repletos de paixão que saíram pelo mundo inteiro a fim de proclamar a mensagem de Jesus a todas as pessoas. E eles mantiveram sua paixão mesmo quando foram perseguidos e até mesmo mortos pelas autoridades estatais. Ainda hoje precisamos dessa paixão dos primeiros cristãos. Então proclamaríamos com força a mensagem de Jesus num mundo que é crítico em relação à mensagem cristã, com a convicção de que ela corresponde à essência dos seres humanos e os capacita a crescer para se tornar a imagem única que Deus fez de cada um para si. E poderíamos transmitir às pessoas a esperança de que a vida tem um sentido, de que vale a pena se empenhar por este mundo, para que ele se torne mais humano, mais misericordioso, mais amoroso e pacífico. Não nos deixaríamos paralisar por oposições, mas, cheios de esperança, continuaríamos a defender apaixonadamente as pessoas.

Capítulo III

Como encontrar minha paixão e como despertá-la?

Em cada pessoa existe uma paixão, mesmo que ela se manifeste com diferentes graus de intensidade. O que importa é encontrá-la e despertá-la para a vida, fortalecê-la e cultivá-la. Também se trata de transformá-la, quando ela se revela, por assim dizer, com o sinal errado, para que possamos usá-la para as coisas boas e belas.

De onde vêm as paixões?

Tomás de Aquino acredita que as paixões são algo que temos em comum com os animais. Elas são, portanto, características de todos os seres vivos. O sensível pertence, essencialmente, a todos os seres vivos. No entanto, para o ser humano, o que importa é tornar o sensível permeável ao espírito. Com os sentidos, percebemos o mundo e podemos nos alegrar com ele. Tomás de Aquino vê o corpo e a alma como uma unidade. A vontade racional também deve se manifestar no âmbito corporal e no passional. As paixões – segundo Tomás – provêm do apetite, que sempre conecta o sensível e o intelectual. Nisso, ele distingue dois tipos de apetite. Em primeiro lugar, existe o apetite concupiscível. Ele visa a um bem que se deseja e que se quer alcançar. Entre as paixões que provêm do apetite concupiscível, estão "alegria, tristeza, amor, ódio e semelhantes" (ST 23,1). Além disso, há o apetite irascível, que se refere à força no ser humano de remover obstáculos que impedem o desejo de alcançar o que é desejado. Ao apetite irascível, Tomás associa paixões como "coragem, medo, esperança e semelhantes" (23,1).

Os filósofos gregos têm uma visão diferente sobre a origem das paixões. Os filósofos que seguem Platão e Aristóteles afirmam que as paixões provêm do corpo ou das "partes inferiores" da alma. Já a filosofia estoica, por outro lado, acredita que as paixões surgem de um julgamento errôneo sobre as coisas da vida. Alguns filósofos estoicos chegam a afirmar que as paixões nascem de uma fraqueza do conhecimento e da vontade do ser humano.

A psicologia atual segue mais a opinião de Tomás de Aquino, de que as paixões provêm do âmbito sensível da alma humana. Elas não são nem boas nem más. Tudo depende de como lidamos com elas, se as utilizamos para despertar a vida ou para impedir a vida, ou até mesmo para destruí-la.

Para o psicoterapeuta Peter Kutter, uma pessoa sem paixões é uma pessoa doente. A psicologia chama isso de alexitimia. Pessoas com alexitima

> não apenas não têm palavras para seus sentimentos, mas nem sequer conseguem percebê-los. Sua capacidade de vivência corporal e, portanto, sua condição humana inteira são prejudicadas. Elas têm dificuldade em sentir, são pobres em sentimentos, vazias de sentimentos. Isso significa, também, que têm poucas relações, ou nenhuma (Kutter, 1978, p. 15s.).

De modo semelhante a Tomás de Aquino, Kutter também acredita que os motores das paixões são de natureza corporal. Ele recorre à compreensão das paixões de Sigmund Freud: "As paixões são, portanto, alimentadas por pulsões, que, por sua vez, estão profundamente ancoradas na personalidade e têm origem em fontes corporais" (p. 36). No entanto, Kutter também se distancia de Sigmund Freud, pois acredita que a teoria psicanalítica das pulsões "não faz justiça à diversidade e complexidade das paixões humanas. Para isso, precisamos de uma teoria abrangente... uma psicologia das paixões, que ao mesmo tempo seja uma doutrina das relações interpessoais" (p. 36).

Para Kutter, nossa paixão já sempre está voltada para outras pessoas. Ela mostra nossa conexão interior com os outros e nosso interesse por eles. Não passamos pelo outro com desatenção. A pessoa que desejamos desperta em nós a paixão por ela. Mas também a pessoa que sofre uma injustiça acende em nós a paixão para intervir e lutar apaixonadamente por ela.

Se traduzirmos essas considerações um tanto teóricas concretamente para nossa vida, poderemos dizer: as paixões têm sua origem na vitalidade que temos em comum com os animais. São instintos que nos impulsionam para a vida. Não devemos cortá-los ou reprimi-los, caso contrário, não teremos impulso interno. Nossa tarefa consiste em transformar os instintos, para que se tornem realmente motores da vida. É necessário humildade para admitir que temos instintos e que nisso não somos diferentes dos animais. Mas, ao mesmo tempo, devemos confiar que podemos humanizá-los, que podemos transformá-los em forças promotoras da vida.

Evágrio Pôntico identifica três impulsos básicos que compartilhamos com os animais: o impulso alimentar, o impulso sexual e o impulso de possuir algo. Todos são motivadores para a vida. O impulso alimentar nos convida a desfrutar da vida, o impulso sexual, a desfrutar do amor físico. E o desejo de posse nos seduz a querer cada vez mais. Na tradição cristã todos os três são transformados em impulsos espirituais. A alimentação culmina na refeição sagrada, na Eucaristia, na qual nos tornamos um com Cristo e – como a mística feminina da Idade Média entende a Eucaristia – saboreamos a doçura do amor de Jesus. A mística transforma a sexualidade em anseio pela união com Deus. E o desejo de posse se aquieta quando o ser humano descobre o tesouro dentro de si mesmo, a riqueza de sua alma, o verdadeiro eu. No entanto, todos os impulsos também podem se tornar vícios, como o vício da comida ou da bebida, o vício sexual e a avareza. O impulso não é nem bom nem mau. Cabe a nós deixar que Deus o transforme num impulso espiritual, numa paixão espiritual que dá à nossa espiritualidade a *dynamis*, a força para moldar e modificar este mundo.

Para que servem as paixões?

A paixão nos traz vitalidade e torna a vida digna de ser vivida. A pessoa apaixonada é capaz de se entusiasmar por alguma coisa, seja pelo trabalho, pela arte, pela ciência ou pela pesquisa. E tem prazer em se envolver apaixonadamente com outras pessoas. A paixão nos abre para o outro, de modo que apreciamos conversar com ele e, cheios de paixão, desenvolvemos novas ideias juntos. Sentimos proximidade e vivacidade. As pessoas apaixonadas entendem sua vida como um serviço ao próximo. Elas defendem os outros, especialmente os pobres e marginalizados, os desfavorecidos e desprezados.

No entanto, a paixão também serve para que o indivíduo não vivencie sua vida como uma obra fragmentada, mas como uma unidade. Aqui, a salutogênese, um conceito desenvolvido pelo sociólogo médico israelense-americano Aaron Antonovsky sobre os nexos da criação e da manutenção da saúde, fala de coerência: a pessoa apaixonada tem a sensação de que tudo o que ela é, o que pensa e faz, está interconectado e produz um todo. A paixão não fragmenta a pessoa, mas a reúne. Ela está por completo em sua paixão, que concentra todas as suas forças num único objetivo ou numa pessoa concreta.

Quem vive a vida dessa maneira, como algo significativo, entende que seu serviço ao outro consiste em despertar a vida nele. Não desiste até conseguir despertar a vida nos colaboradores, nos filhos, nos amigos. Ele acredita na vida em si mesmo e nos outros. Por isso, dedica-se com paixão para que todos possam descobrir sua própria vivacidade. A paixão é expressão de vivacidade. E ela tem em si a força e a capacidade de tocar, entusiasmar, motivar e inspirar. A paixão é o oposto da indiferença, da autossuficiência, da rotina e do vazio. Pessoas indiferentes giram apenas em torno de si mesmas. A pessoa apaixonada está conectada com os outros. No entanto, há também aqueles que seguem suas visões com paixão, mas acabam ignorando as pessoas e suas necessidades. Eles são cegos para aqueles com quem querem realizar suas visões. Eles os usam para seus fins, em vez de percebê-los e inspirá-los.

Friedrich Nietzsche lutou apaixonadamente contra um cristianismo em que a condenação das paixões, com sua moral restritiva, fez que a vida perdesse a força e se tornasse monótona. As paixões são a razão pela qual o ser humano sente prazer na vida. "Sem prazer, não há vida", escreve ele. E em outro trecho, diz: "O ilógico das paixões é necessário para a vida" (apud Kutter, 1978, p. 45). Nietzsche acredita que o cristianismo só absorveu o aspecto apolíneo da mentalidade grega, ao enfatizar principalmente a razão, mas baniu da espiritualidade o dionisíaco, o apaixonado, o extático, o prazeroso.

A Igreja primitiva via isso de maneira diferente, o que é claramente reconhecível na escolha de um dia festivo: na Igreja Ortodoxa, o Natal é celebrado no dia 6 de janeiro. No culto dionisíaco antigo, três jarros de água eram colocados no templo de Dionísio durante a noite de 5 para 6 de janeiro, na esperança de que a água se transformasse em vinho durante a noite. Na liturgia da Igreja, é lido nesse dia o Evangelho das bodas de Caná, no qual Jesus transformou seis jarros de água em vinho. Isso é expressão de que Cristo cumpre o desejo que se manifestava no culto dionisíaco. Ambrósio fala da *sobria ebrietas*, que é característica da fé cristã: a embriaguez sóbria.

Apesar de toda a crítica, Nietzsche também vê algo positivo na religião. Ela é um remédio contra a monotonia da vida. O prazer é, para Nietzsche, um motivo importante para a espiritualidade, mas na religião, como ele a vivenciou na casa de pastor protestante de seus pais, ele sentia falta do prazer pela vida. Ademais, ele reconhecia que a forma rígida de espiritualidade de seus pais gerava uma nova monotonia. Nietzsche respeitava Jesus e reconhecia nele "o máximo de grandeza humana, disposição nobre, generosidade" (Fleischer, M., 1994, p. 514). Sua crítica ao cristianismo se refere principalmente à interpretação que Paulo deu a essa religião. O que o incomoda é "o ódio ao mundo, a imprecação contra os afetos, o medo da beleza e da sensualidade, um mundo além inventado para difamar melhor o mundo de cá" (*KGW* III 1, 12s., apud Fleischer, p. 515). Embora a crítica de Nietzsche ao cristianismo seja muitas vezes desmesurada e distorcida, ele aborda deficiências importantes. Frente a um cristianismo espiritualizado, que perdeu ou conscientemente exclui a sensualidade, é preciso reencontrar a paixão pelo ser humano e – como o filósofo Herbert Marcuse expressa – "uma atitude erótica diante do ser" (p. 522).

Bento exige de seus monges paixão pela vida espiritual. No Capítulo 72 – que pode ser visto como o legado de Bento para seus monges – ele escreve sobre o zelo mau da amargura, mas também sobre o bom zelo, que "conduz a Deus e à vida eterna. Exerçam, portanto, os monges este zelo com amor ferventíssimo" (RB 72,2s.) Em latim, está escrito *zelus*. Isso significa zelo, mas também paixão. A paixão também fica evidente quando Bento fala sobre o "amor ferventíssimo – *ferventissimo amore*". Ele usa aqui o superlativo, o "amor mais fervente" que existe. *Amore*, aqui, não se refere ao amor de Deus, mas sim ao amor erótico. Esse amor ardente é o que os monges devem colocar em prática quando se encontram com respeito mútuo, quando, com paciência inesgotável, suportam as fraquezas do corpo e do caráter dos outros. Também nesse contexto, Bento utiliza o superlativo: *patientissime*. Pode-se perceber a paixão que o monge deve colocar na aceitação de seus irmãos, que às vezes não são tão fáceis de suportar.

A vida espiritual para Bento é mais do que o cumprimento de deveres e o seguimento de mandamentos. Ela necessita da paixão por Cristo: "Absolutamente nada anteponham a Cristo" (RB 72,11). Também nesse ponto, Bento utiliza uma linguagem apaixonada: *omnino nihil*, absolutamente nada, de modo algum nada. Somente quem tentar viver a vida espiritual com paixão terá a experiência que Bento promete aos monges já no prólogo: que ele terá prazer na vida. No final do prólogo, podemos ler: "Mas, com o progresso da vida monástica e da fé, dilata-se o coração e com inenarrável doçura de amor é percorrido o caminho dos mandamentos de Deus" (RB, Prólogo, 49). Aqui também se sente a paixão de Bento. Ele fala de *inenarrabili dilectionis dulcedine*, de uma doçura do amor que não pode mais ser expressa em palavras, que é indescritível. Se ao final dessa reflexão novamente perguntarmos para que serve a paixão, assim poderemos resumir: ela serve para despertar a vida em nós e nos outros. Serve para uma intensificação da vida. Serve também para uma espiritualidade que afirma a vida, que tem o poder de tocar e mover as pessoas. E ela serve para uma fé que espelha a força apaixonada de Jesus e, portanto, pode moldar este mundo no espírito de Jesus.

Quando olhamos para o nosso mundo, encontramos em muitos lugares pessoas igualmente apaixonadas. Madre Teresa se dedicou apaixonadamente aos doentes e pobres de Calcutá e, com seu empenho, inspirou muitas jovens a seguir seu exemplo. Na inauguração da Casa Recollectio, encontrei-me com Henri Nouwen, que fez um discurso apaixonado na abertura. Na conversa seguinte, durante o jantar, pude constatar como esse sensível teólogo e psicólogo holandês se dedicava com total paixão a uma vida cristã verdadeira. Sua paixão estava na sinceridade com que nós, cristãos, devemos olhar para nós mesmos e para nossa vida espiritual. A vida espiritual não deve ser uma fuga dessa apaixonada sinceridade e veracidade em relação a nós mesmos.

Em 2022, faleceu a política Barbara Stamm. Ela também defendia apaixonadamente as pessoas à margem da sociedade. Ela era a consciência social do partido político CSU. Era chamada de "Mãe da Francônia", porque, com paixão, impulsionou uma política de justiça social. Durante o período de seu mandato, ela não hesitou em enfrentar conflitos com o então primeiro-ministro da Baviera, Edmund Stoiber. Tampouco perdeu sua paixão, mesmo quando sentiu ventos contrários na política, e sempre permaneceu fiel a seus princípios.

Se abrirmos os olhos, também descobriremos pessoas apaixonadas ao nosso redor. Padres que se empenham pelas pessoas e querem criar uma comunidade viva. Prefeitos que fazem tudo o que podem para que a comunidade se torne um lar para todos, e que não perdem sua paixão, mesmo quando são atacados e insultados em público. Em muitas empresas, há líderes e funcionários apaixonados que se esforçam para que as pessoas se sintam valorizadas e encontrem um sentido na vida.

Do nosso âmbito monástico, quero destacar apenas um exemplo: nosso antigo cantor Godehard Joppich, que completou 90 anos no ano passado. Ele conseguiu inspirar até mesmo os 250 jovens que participaram do nosso curso de Páscoa para o canto gregoriano. Quando ele conduzia os ensaios de canto com a Schola, eu sentia sua paixão. Ele queria tornar as palavras bíblicas tão audíveis no canto coral a ponto de tocar o coração das pessoas. Às vezes, os membros da Schola achavam que os hinos eram cantados muito alto – especialmente na Páscoa. Mas Godehard Joppich dizia apenas: "É Páscoa". Na Páscoa, é preciso simplesmente se levantar e cantar.

De maneira semelhante, nosso organista de longa data, Padre Augustin, acompanhava a liturgia com devoção. A gente simplesmente se sentia na música: seja Páscoa, seja Pentecostes. O mistério da festa se tornava audível em sua execução ao órgão. Do mesmo modo, todos nós poderemos descobrir pessoas apaixonadas em nosso campo pessoal. Sem elas, a vida seria mais monótona, teria menos cor, menos sabor. Pessoas apaixonadas são uma bênção para os outros. Elas despertam a vida nos outros também.

Outro exemplo vem de Taiwan: o Sr. Tsai é o diretor de uma escola primária na área dos povos indígenas. Ele percebeu que as crianças não tinham ocupações significativas após as aulas da tarde e também não desenvolviam autoconfiança. É frequente que morem com os avós, pois os pais trabalham na cidade. No entanto, os avós também têm pouco tempo para elas, pois precisam trabalhar no campo. Foi então que o Sr. Tsai teve a ideia de criar um coral junto com a regente Sra. Muni Takivalit. Ele reconheceu o talento musical dessas crianças, abandonou sua posição de diretor e fundou, independentemente da escola, um coral infantil chamado "Coro Infantil Puzangalan", que era independente da escola. "Puzangalan" significa "esperança". O Sr. Tsai fundou esse coral para dar às crianças a esperança de usar bem suas habilidades, receber reconhecimento pelas apresentações para um público maior e sentir sua própria dignidade. Todos os sábados, ele ensaia com elas, mas também dá aulas particulares em outras matérias, para que elas se saiam bem na escola. Desde então, esse coral recebeu prêmios em competições internacionais de corais, como na Itália, Japão, República Tcheca e Alemanha. A paixão do professor possibilitou a muitas crianças viajar pelo mundo. Isso lhes dá autoconfiança, e elas veem o futuro com otimismo, que antes parecia tão acanhado e quase sem saída.

Outro exemplo é Chen Shu-chu, uma simples vendedora de legumes que, com seu rendimento modesto, fez grandes doações anônimas para escolas e hospitais. Ela teve um destino difícil. Sua mãe e dois irmãos morreram cedo, e ela mesma nunca pôde terminar os estudos. Ela nunca reclamou de sua situação;

ao contrário, usou-a como motivo para lutar pelas crianças que também enfrentam dificuldades. Ela não permaneceu na posição de vítima, mas sim economizou de seu pequeno salário e se empenhou para promover mais educação na província, para que outras crianças pudessem ter uma vida melhor do que a sua. Ela construiu uma biblioteca para uma escola primária. Ela sempre quis permanecer no anonimato, mas a mídia acabou descobrindo quem estava por trás das doações, o que a fez receber prêmios do governo de Taiwan e também distinções internacionais. Mas nada disso lhe interessava; ela doou para hospitais os prêmios e os valores recebidos. Ela mesma nunca deixou de ser a simples e modesta vendedora de legumes com uma pequena renda. Para manter sua paixão pela educação das crianças e viver de maneira econômica, era necessária uma disciplina espiritual que só merece admiração.

Esses exemplos mostram: para me dedicar apaixonadamente aos outros, não preciso esperar até obter acesso a recursos especiais. Qualquer pessoa pode realizar seu sonho apaixonadamente, com suas próprias habilidades e recursos. Muitas pessoas dizem: "Eu não sou nada de especial, não posso realizar nada grande". Mas não se trata de algo externamente grande, e sim de me empenhar apaixonadamente pelos outros com os meus meios, com a minha pessoa e com a minha história de vida, buscando realizar apaixonadamente o meu sonho de uma vida com sentido. Quando as pessoas sentem minha paixão pela vida, essa paixão também se torna uma bênção para elas.

Como encontro minha paixão?

Uma maneira de redescobrir minha paixão é recordar minha infância. Penso nas coisas que eu fazia com paixão quando era criança, nas brincadeiras preferidas, no que me empolgava. Então, eu me conecto com aquela criança que brincava apaixonadamente e me pergunto: O que foi despertado em mim? O que me fascinava tanto naquela época? A tarefa então seria me perguntar: Como posso me aproximar novamente dessa paixão? E: posso transferir minhas brincadeiras prediletas da infância para o meu trabalho atual ou para o meu tempo livre, para minhas outras atividades? Se eu conseguir isso, também vou viver com paixão hoje.

Um exemplo: um arquiteto contou que, quando criança, adorava descobrir coisas novas num galpão vizinho. Isso era uma aventura para ele, principalmente porque parecia proibido. Quando relacionou essa paixão por aventura, pelo não convencional, pelo proibido, com sua atividade atual, ele percebeu: tudo o que acontece seguindo uma rotina não lhe dá prazer. Isso o paralisa e tira toda sua energia. Mas, onde ele pode descobrir algo totalmente novo, onde, enfrentando todas as prescrições, ele explora o que pode ser realizado de coisas que antes pareciam impossíveis, ele se revigora. Ali, ele encontra energia ilimitada, e sua paixão desperta.

Outro exemplo: uma engenheira, chefe de um grande departamento de gestão de qualidade, contou num curso que ela gostava de se sentar na colina e simplesmente observar o pôr do sol. Ali, ela se sentia completamente viva, aquela situação a fascinava. Os outros participantes do curso lhe responderam que essa paixão pela beleza do pôr do sol combinava muito bem com o trabalho dela. Eles sugeriram que ela não se concentrasse obsessivamente na busca da perfeição, mas sim observasse o belo e o bom que acontece todos os dias, como o sol que se põe todos os dias. Esse olhar contemplativo, no meio da agitação de uma empresa voltada para a tecnologia, lhe dá força e injeta em seu trabalho algo agradável e revigorante. Quando os participantes do curso disseram isso, ela sentiu uma nova paixão por seus afazeres.

Mais um exemplo: um padre estava cansado de sua profissão, pois, apesar de todo o seu esforço, cada vez menos pessoas frequentavam a igreja. Ele me contou que, quando criança, sentia paixão em represar pequenos regatos com muros de pedras ou desviar seu curso. Isso nunca funcionava direito, mas ele estava sempre tentando. Quando falamos sobre seu trabalho pastoral, ele reconheceu: o importante não é levar o maior número possível de pessoas ao culto; a verdadeira missão pastoral é fazer que o fluxo da vida das pessoas, que ficou estagnado, volte a fluir, e trazer de para o rumo certo a linha da vida que estava se desviando. Essa imagem reacendeu nele a paixão pelo trabalho pastoral.

Quando entramos em contato com as imagens de nossa infância, nas quais brincávamos com paixão, ou quando havíamos construído ou nos dedicado a algo, a paixão que possuíamos naquela época é despertada novamente em nós. Nosso trabalho ganha algo de apaixonado, mas também algo de lúdico. Sentimos que a paixão ajuda a abrir uma fonte de energia em nós que não é tão fácil de esgotar. Portanto, quando estamos exaustos, devemos nos perguntar se permitimos que expectativas ou papéis externos nos tenham sido impostos, e se achamos que precisamos corresponder a essas expectativas, em vez de confiar em nossas próprias imagens internas. As expectativas externas e as imagens ideais que adotamos para o nosso trabalho nos roubam energia. As imagens da nossa infância nos conectam com nossa paixão. Assim, nosso trabalho e também nossa vida hoje ganham novo sabor: o da paixão, mas também da leveza e da alegria.

Outra maneira de descobrir minha paixão é perguntar sempre: o que me faz arder hoje? O que faço hoje com paixão e prazer? Onde posso me envolver em algum trabalho sem me cansar? Pelo que posso me empenhar? O que faz meu coração transbordar? Onde sinto alegria profunda, leveza e ao mesmo tempo força? O que me dá energia? O que me rouba energia é o oposto da minha paixão. Mas onde a energia flui, encontro minha paixão. Ela é uma fonte à qual sempre posso recorrer novamente.

Às vezes, fico espantado quando pergunto às pessoas o que elas fazem com paixão, o que as fazem arder. Algumas não encontram nada, não sabem de nada nesse sentido. Então, tenho a sensação de que há homens e mulheres que, aos 40 ou 50 anos, estão mortos por dentro. Eles não se entusiasmam mais por nada. Isso é já visível em seu modo de andar, em sua postura. Não há força. Sua linguagem é superficial, vazia. Eles só reclamam ou criticam tudo. Mas são incapazes de falar com entusiasmo sobre alguma coisa. E, evidentemente, nada emana deles. Com isso – como num círculo vicioso – eles se tornam impopulares entre os outros, ninguém sente alegria em vê-los. Não se sente sua presença, não se cria uma conexão com eles. Por isso, as pessoas não os notam. Mas isso os machuca e só confirma para eles que a vida não tem sentido, que não vale a pena se esforçar por algo. Como não têm paixão dentro de si, frequentemente são dominados pela paixão destrutiva da inveja. Eles têm inveja de todos que fizeram algo com a própria vida, que seguiram sua paixão ao se dedicar aos outros ou se tornaram cientistas, médicas, psicólogos ou conselheiros espirituais apaixonados. Na sua falta de paixão, eles não confessariam sua inveja, que se manifesta no fato de que eles desvalorizam todos os homens e mulheres bem-sucedidos e lhes atribuem problemas psíquicos.

No entanto, no acompanhamento espiritual que ofereço, estou sempre encontrando algumas pessoas que imprimem paixão no que fazem. Por exemplo, há uma mulher que trabalha como contabilista numa grande empresa. Quando criança, ela sempre gostou de subir em árvores altas. Assim, ela vê sua função como contabilista de forma lúdica. Isso a diverte e ela é bem querida pelos colegas. Em seminários de liderança que ambos conduzimos juntos, frequentemente encontramos pessoas que também desempenham suas funções com grande paixão. Por exemplo, há o chefe de uma empresa madeireira, que tem uma paixão por esse material e transmite esse amor aos seus clientes, contagiando seus funcionários. Ele não os pressiona para que trabalhem mais. Ao contrário, ele os inspira com sua paixão. Isso é muito mais eficaz do que exigir constantemente mais desempenho deles. Numa conferência sobre cuidados paliativos, uma mulher contou sobre seu trabalho com pacientes gravemente doentes. Todos os ouvintes perceberam que ela irradiava uma grande paixão. Ela fazia seu trabalho com prazer, mesmo quando era excessivo e ela tinha de responder de forma espontânea a pedidos de ajuda, muitas vezes precisando abandonar seus planos para o dia. Ela não reclamava de exaustão, porque seu trabalho lhe trazia alegria, e ela se entregava a ele com paixão.

Como posso despertar minha paixão? Quando olhamos para nossa vida, percebemos fases em que nos interessamos apaixonadamente por algo, em que nos dedicamos com entusiasmo a alguma coisa. Mas também há fases em que nos sentimos impotentes e vazios. Sentimos que perdemos nossa paixão. Nesse momento, nossa tarefa seria reavivar essa paixão perdida. Para alcançar isso, posso tentar me lembrar de como era sentir essa paixão no passado. Então, me pergunto por que a perdi. Será que os ideais pelos quais eu havia lutado perderam seu brilho e atratividade? Por que esses ideais não são mais tão desejáveis para mim? Ou será que decepções enfraqueceram minha paixão? Por exemplo, eu defendia apaixonadamente certos valores e ideais. Mas as pessoas naquelas circunstâncias, de repente, passaram a negar esses valores. As pessoas com quem eu compartilhava uma jornada apaixonada talvez também tenham abandonado sua paixão, e isso acabou me desmotivando. Quando me lembro de situações passadas às quais me entreguei com paixão, a lembrança já basta para me pôr em contato com essa força original. Então, fico novamente motivado a despertar essa paixão dentro de mim.

O autor da Segunda Epístola a Timóteo – que segundo a tradição seria Paulo – tinha a impressão de que a paixão que seu discípulo Timóteo nutria no início havia diminuído: "Por isso te exorto a reavivar o dom de Deus que recebeste pela imposição das minhas mãos. Pois Deus não nos deu um espírito de timidez, mas de força, amor e sobriedade" (2Tm 1,6s.). Às vezes, precisamos ser externamente lembrados de nossa paixão. Nossa tarefa, então, é reacendê-la. A palavra grega que aqui é traduzida como "reavivar" significa: fazer o fogo original queimar novamente. Em nós está o espírito da força. No texto grego, temos a palavra *dynamis*. A Bíblia descreve o Espírito Santo como uma força que desenvolve uma dinâmica interna, que enfrenta com toda a energia os desafios da vida e, com imaginação, resolve as tarefas que a vida nos impõe. É bom confiar nessa força dentro de nós. Com ela, podemos provocar algo no mundo. Podemos causar um impacto nas pessoas com nossas ideias e palavras. No entanto, só alcançaremos isso se acreditarmos na força do Espírito Santo dentro de nós. O Espírito Santo nos foi dado como dádiva. Cada um de nós tem uma força dentro de si. Muitas vezes, contudo, nós nos sentimos sem forças. Então, é necessário deixar a força do Espírito Santo fluir em nossa impotência, para que possamos entrar novamente em contato com a paixão que sentíamos no início. Qualquer pessoa que se sinta chamada para uma tarefa específica sente dentro de si a paixão com a qual deseja se dedicar a ela. Mas essa força precisa ser constantemente reacendida. A brasa dentro de nós não pode se apagar, mas deve começar a brilhar novamente.

Se eu perdi a paixão pelo meu trabalho, minha missão, minha vida, não devo me culpar nem ficar com consciência pesada. O primeiro passo seria: admito para mim mesmo que perdi minha paixão. Depois, olho para a minha história de vida e me pergunto: quando exatamente eu a perdi? Foi um processo gradual? Ou foram experiências específicas que me paralisaram internamente, que roubaram minha paixão? Às vezes, podem ser doenças que tiram minha força interior, como, por exemplo, uma depressão. Nesse caso, seria bom perguntar: o que minha doença quer me dizer? Ela é um protesto contra as altas expectativas que eu coloquei sobre a vida? Ou estou me rebelando contra meu próprio perfeccionismo? Só quando eu entender as causas da perda da minha paixão, a lembrança da paixão original poderá me ajudar a despertá-la novamente em mim.

Uma ajuda nesse caminho poderia ser um ritual que celebramos na festa de Nossa Senhora das Candeias, em 2 de fevereiro. O plano de fundo do ritual é a parábola da dracma perdida, que Jesus narra no Evangelho de Lucas (Lc 15,8-10). Uma mulher tem dez dracmas. Dez simboliza a totalidade do ser humano. Mas ela perdeu uma, o que significa que ela não se sente mais completa, não está mais em harmonia consigo mesma. Ela não perdeu apenas a dracma, mas a si mesma, seu centro. Ela acende a luz, "varre a casa e procura cuidadosamente até achá-la". Ou seja, eu poderia andar com uma vela acesa pelos espaços escuros da minha casa e imaginar: estou procurando meu centro perdido, minha paixão perdida, minha força perdida, meu entusiasmo perdido. Talvez alguns cômodos me façam lembrar a paixão que eu tinha no passado, a paixão em meu relacionamento com meu parceiro, minha parceira, minha família. Eu então paro e deixo a luz da vela penetrar em mim, na esperança de que ela me ponha novamente em contato com minha antiga paixão, e que a convivência na família também recupere um pouco dessa força inicial. Talvez a paixão tenha se transformado. Eu posso então me perguntar: como minha paixão se transformou? Para onde ela quer fluir agora?

O que eu gostaria de iniciar, almejar com paixão? Pelo que gostaria de me empenhar? Por trás da parábola que Jesus nos conta, está a ideia de que a paixão ainda está em nossa casa. Ela não está totalmente perdida, mas está escondida em algum lugar da nossa casa, debaixo de um armário, de uma mesa. Ela está oculta sob as muitas atividades do dia a dia, sob as inúmeras tarefas e a rotina que se infiltrou na minha vida, na nossa vida. Seria bom trazê-la de volta à tona. O místico alemão Johannes Tauler interpreta essa parábola da seguinte forma: muitas vezes, quando chegamos à metade da vida, estamos estabelecidos em nossa existência. Conhecemos bem nosso entorno, tudo segue seu curso habitual. Mas perdemos a dracma, nosso verdadeiro eu, e a paixão que vem dele. Devemos nos perguntar: com o que ocultei minha paixão? Talvez com o consumo, com os muitos compromissos ou com o sucesso? Então, trata-se de afastar tudo aquilo em que me acomodei e voltar a entrar em contato comigo mesmo e com minha paixão original.

Um homem contou que seu relacionamento havia terminado e que, além disso, sentia uma grande falta de energia por causa da Covid-19. Ele também temia que, como profissional autônomo, sua base financeira agora estivesse em risco. Uma manhã, ele acordou com uma crise de pânico. Nada mais lhe dava apoio, nem o trabalho, nem o relacionamento, nem seu corpo, que de repente perdera as forças. Além disso, a paixão que ele sentia por seu trabalho havia se dissipado. Seu desejo agora era poder reacender essa paixão. Eu lhe disse que provavelmente ele precisaria mudar de direção. Não importava mais buscar uma nova paixão pela profissão, mas sim buscar apaixonadamente seu rastro de vida pessoal, que ele quer deixar marcado neste mundo. Ele precisa se perguntar: O que quero irradiar para o mundo como essa pessoa única que sou? Qual é o mistério da minha vida? Depois, ele deve procurar isso com paixão. Assim, a paixão por sua profissão também voltará a irromper dentro dele.

Outro exemplo: uma médica contou que sempre se dedicou muito aos seus pacientes. Mas, em sua paixão pela profissão, ela havia ignorado a insatisfação de alguns colegas de trabalho. Quando duas de suas funcionárias pediram demissão por não estarem satisfeitas com o ambiente de trabalho, a médica ficou muito desapontada e se sentiu ferida. Afinal, ela havia dado tudo pelos pacientes! E acreditava que poderia contagiar suas funcionárias com sua paixão pelo bem-estar dos pacientes. Agora, ela sentia que tudo havia sido em vão. Isso também roubou sua paixão pelos pacientes. Se transferimos a imagem da parábola da dracma para essa situação, isso significa: ela precisa admitir que perdeu uma dracma, que é o relacionamento com as colaboradoras. Inicialmente, é difícil afastar o armário da insatisfação para procurar a dracma perdida, o relacionamento perdido com as funcionárias. Mas, quando ela reencontrar a conexão com elas, sua paixão pelos pacientes também poderá reacender. Não será mais uma paixão cega para os interesses dos outros, mas uma paixão que envolve ambos os grupos: os pacientes e as colegas de trabalho.

Capítulo IV

Como manter viva minha paixão?

Se levarmos a sério as palavras da Segunda Carta a Timóteo, então nossa tarefa é nos lembrarmos constantemente que o Espírito Santo está em nós e deseja agir em nós. Ao atravessar meus sentimentos negativos, como desânimo ou decepção, eu chego ao fundamento da minha alma. E ali jorra a fonte do Espírito Santo. O que importa é manter constante o contato com essa fonte interior. A meditação pode ser um bom caminho para isso. Mas, às vezes, também ajuda simplesmente imaginar que o Espírito Santo está em mim como uma fonte que está o tempo todo revigorando e fortalecendo minha própria força que se debilitou. A verdadeira tarefa da espiritualidade é manter viva minha paixão. O objetivo não é fazer tudo corretamente, cumprir todos os mandamentos, rezar o suficiente, mas entrar em contato com a fonte interior da qual brota a paixão. É o Espírito que nos entusiasma, que nos fascina. A paixão precisa do entusiasmo por alguma coisa, pois desse modo ela pode ser despertada em mim e voltar a fluir.

O empenho apaixonado pelos outros

Para que eu possa viver apaixonadamente, é necessário ter um bom relacionamento com as pessoas pelas quais me empenho, ou também com as tarefas que me são passadas ou que eu mesmo me imponho. A condição para toda paixão é, portanto, um relacionamento intenso. Aqui, retornamos a Emmanuel Levinas, que fala sobre o rosto do outro, o rosto que nos desafia a deixar de lado o nosso egocentrismo e nos empenharmos apaixonadamente pelo outro. Pois é a partir do rosto do outro que vemos sua vulnerabilidade, a qual nos motiva a defender essa pessoa vulnerável. É verdade, posso recusar a responsabilidade pelo outro, mas, no fim das contas, não posso me esquivar. Ele é um apelo constante para que eu assuma a responsabilidade. No rosto do outro, encontro a singularidade dessa pessoa. Quando sou tocado por ela, isso desperta em mim um sentimento de responsabilidade por esse ser humano. Portanto, um local decisivo onde posso traduzir minha paixão em ação é o outro, que me desafia a me envolver com ele, com sua vulnerabilidade e singularidade. A paixão é sempre paixão pela vida – pela minha própria vida, mas também pela vida do outro.

Na parábola do filho pródigo, Jesus fala dessa paixão que o rosto do outro desperta em nós. Há o filho mais jovem, apaixonado, que é simplesmente fascinado pela vida e quer aproveitá-la ao máximo. Ele vive sua paixão. Não pensa nas consequências, mas simplesmente vive conforme o que seu coração o impulsiona. Porém, sua paixão é cega e desmedida (cf. Lc 15,13). Ele vive *asotos*, o que pode significar: de forma insalubre, terrível, descontrolada, sem forma e sem medida, sem disciplina. E assim, ele chega, através da paixão que vive até o fim, ao ponto zero, onde nada mais dá certo. Lucas descreve esse ponto zero com a imagem do cuidar dos porcos. Para os judeus, isso era algo a ser totalmente rejeitado, pois os porcos eram considerados animais impuros. No entanto, essa experiência do ponto zero leva o filho à conversão interior. O pai, que havia deixado o filho ir para o estrangeiro, espera por ele. Ele também nutre um amor apaixonado pelo filho. O pai vê o filho voltando de longe e corre ao seu encontro. Nessa marcha apressada, percebe-se a paixão do pai pelo filho. E assim, a paixão do pai se une à do filho. Juntos, celebram uma festa alegre.

Mas o filho mais velho reprimiu sua própria paixão. Ele se adaptou à vida na fazenda, não teve coragem de expressar seus próprios desejos. Sua vida não era nada além de rotina. Fazia tudo o que era esperado dele. Mas estava desconectado de sua paixão. Quando seu irmão mais novo, que teve a coragem de ir sozinho para o estrangeiro, retorna arrependido, e o pai celebra um banquete com ele, não consegue mais suportar. Sua paixão reprimida se manifesta como dureza e raiva. Na ira e no ressentimento, ela se transforma em paixão negativa, que domina completamente o filho mais velho. Ao acusar o irmão mais novo de ter desperdiçado a fortuna do pai com prostitutas, ele revela que ele próprio tinha esses pensamentos sexuais passionais. Pois na história não se mencionou isso. O filho mais velho havia reprimido sua sexualidade. Agora, ele a projeta no irmão. Ele não consegue deixar seu ressentimento de lado e se alegrar com o retorno do irmão mais novo. Esse retorno lhe lembra sua própria paixão reprimida, que ele não é capaz de admitir nem para si mesmo, nem para o pai. Isso o faz se enrijecer em seu julgamento de repúdio sobre o irmão.

Para poder realizar minha paixão, preciso de um bom relacionamento comigo mesmo e com meu anseio, mas também com o outro. Quando esse outro é importante para mim, quando me envolvo com ele, então também me empenho por ele. Jesus demonstra isso na cura do leproso. Ele vê o doente, que está insatisfeito consigo mesmo, que não consegue se aceitar e está cheio de amargura. Ele sente compaixão, coloca-se no lugar dele. A palavra grega *splanchnizomai*, que é usada aqui no texto bíblico, significa: Jesus se deixa tocar nas suas entranhas. Ele permite que o outro, com sua necessidade, chegue até o lugar vulnerável de sua alma e de seu corpo. Jesus se envolve totalmente com o doente. Mas sua paixão não é cega nem sem limites. Ele aceita o leproso, estabelece uma relação com ele ao lhe estender a mão. E ele o toca, ele entra em contato com a sua dor interior. Ele vê na outra pessoa a amargura interior e imagina: como deve ser o coração dessa pessoa que não pode se aceitar e que não se sente aceita, nem vista por ninguém? Então, ele se dirige ao leproso: "Eu quero, fica limpo" (Mc 1,41). Portanto, ele o aceita incondicionalmente, mas também desafia o leproso a se aceitar. Ele não se deixa manipular amando o outro de forma ilimitada e desmedida, mas, com seu amor, o desafia agora a se amar. Com seu comando "Fica limpo", ele quer despertar a paixão no leproso. Ele não deve mais permanecer no papel de vítima, mas tomar as rédeas de sua própria vida. Se ele disser sim a si mesmo, então se sentirá limpo. Mas ele próprio deve dizer esse "sim". Jesus não pode fazer isso por ele.

Com base nessas duas histórias bíblicas, responderíamos à pergunta sobre como manter viva a nossa paixão: empregando-a por uma pessoa que vejo que se perdeu, que está indo na direção errada. Eu não a abandono, mas me preocupo apaixonadamente com ela, para que reencontre o caminho certo. E, quando ela o encontrar – como o filho pródigo –, celebro com ela uma festa. Então, unimos nossas paixões de modo que surja uma festa de alegria e vitalidade. A cura do leproso me desafia a usar minha paixão onde sinto, no rosto do outro, que ele não consegue se aceitar, que está cheio de amargura por se sentir excluído. Tento quebrar a barreira do distanciamento e me envolver com o outro, na esperança de que ele encontre o caminho para si mesmo e para a aceitação de si.

Tínhamos, na abadia, um velho confrade que era um marceneiro apaixonado. A razão de sua paixão era sua relação intensa com a madeira. Ele podia falar com entusiasmo sobre as fibras da madeira, os anéis de crescimento visíveis nela, e contar com fervor a história da árvore. Como podia sempre se maravilhar com os diferentes tipos de madeira, ele também sentia prazer em trabalhar com elas. Ele fez para mim, como celerário, uma mesa de reuniões redonda e com veios maravilhosos. Seu sucessor na marcenaria se admirou com essa mesa formidável e comentou que, hoje em dia, ninguém mais se daria ao trabalho de criar uma mesa tão artisticamente elaborada. Apenas um carpinteiro apaixonado poderia fazer algo assim. Quando adquirimos uma antiga casa de guarda florestal para nosso trabalho com jovens, o velho irmão olhou os cômodos que estavam em ruínas. E, em pouco tempo, ele os remodelou com muito amor. Ele trocou as vigas podres, revestiu o teto e usou o revestimento de madeira que antes estava no refeitório monástico para também reformar as paredes. Assim, muitos irmãos que passavam férias lá e muitos jovens que participaram de cursos naquele local puderam, até hoje – 40 anos depois –, se alegrar com sua paixão.

Viver com paixão – apesar dos obstáculos e dificuldades

Uma paixão profunda não pode ser refreada por obstáculos e adversidades. Quando me empenho por alguém, também enfrento situações difíceis. Suporto o fato de ser hostilizado por outros. Quando estou convencido do meu compromisso, não deixo que isso me detenha. A paixão tem o poder de enfrentar resistências também.

Para conseguir isso, preciso sempre prestar atenção na paixão original, no objetivo da minha paixão e no "gosto" que a paixão suscitou em mim. Pedro demonstrou diante do Sinédrio que nem mesmo castigos e ameaças podiam deter sua paixão por Cristo. Ele era fascinado por Jesus e não se deixava desviar. Quando os sumos sacerdotes lhe ordenam que "de modo algum falassem ou ensinassem em nome de Jesus" (At 4,18), ele responde com franqueza: "Julgai vós mesmos se é justo diante de Deus obedecermos mais a vós do que a Deus. Não podemos deixar de falar do que vimos e ouvimos" (At 4,19s.). O que os amigos de Jesus ouviram e viram acendeu sua paixão por ele e por sua mensagem. E eles não deixam que isso lhes seja tirado nem mesmo por proibições.

Quando estou realmente convencido de algo, quando me dedico com paixão a um objetivo, então não deixarei que obstáculos me detenham. Isto é justamente o que caracteriza a paixão: ela não para quando encontra resistência. Vejo com frequência a situação em que líderes e também pastores começam suas tarefas com grande paixão, mas depois desistem quando percebem resistência na comunidade ou entre os colegas de trabalho. A paixão me dá forças para não desistir. No entanto, ela também não deve se tornar cega, nem tentar impor algo à força. Eu levo a resistência a sério, eu a enfrento. Talvez ela me mostre que avancei muito rapidamente, que ainda não convenci minha comunidade ou meus colaboradores, que ainda não ganhei seu apoio para meus objetivos. Eu ignorei as necessidades e os medos dos outros. Estava tão convencido do meu objetivo que não levei em conta os sentimentos das pessoas. Por isso, a resistência é sempre um desafio para repensar meu modo de proceder, considerar mais os receios e preocupações dos outros e então mudar a estratégia. Primeiramente, ouço as objeções. Às vezes, elas me mostram que eu deveria levar em conta outros aspectos. Outras vezes, são apenas uma expressão do medo da transformação. Nesse caso, é preciso levar esse medo a sério e dialogar com ele: Qual é o medo do colega de trabalho? Ele tem medo de não conseguir algo? Ou é apenas a comodidade que deseja manter tudo como está? Ou a resistência se refere à teimosia e imobilidade das pessoas?

Eu não posso conceder poder a essa teimosia. Eu não devo deixar que isso me impeça de seguir o caminho pelo qual me empenho com paixão. Houve um tempo em que fiquei sobrecarregado de trabalho no mosteiro. Eu era celerário, líder espiritual da RecollectioHaus, e estava sempre assumindo novas tarefas. Além disso, os confrades achavam que escrever livros não era importante, que era apenas um hobby pessoal. As tarefas da abadia deveriam estar em primeiro plano. Foi então que eu disse para mim mesmo: "Vocês podem me sobrecarregar de trabalho, mas, se eu tiver vontade de escrever, eu vou escrever". E assim, não deixei que circunstâncias externas me impedissem de escrever. Quando sinto paixão por alguma coisa, sempre encontrarei uma brecha para fazer o que é importante para mim. Hoje, ninguém mais questiona minha atividade de escritor. Não devemos permitir que a falta de compreensão ou a resistência nos desviem de nossa paixão. Quando é genuína, ela também se torna uma bênção para os outros. Hoje, os irmãos sabem que a escrita também trouxe uma fonte de receita para o mosteiro.

Outro exemplo: eu gostava muito de ministrar cursos para jovens. Éramos uma equipe de sete a dez confrades e mulheres que organizavam e realizavam o curso para cerca de 300 jovens durante a véspera de Ano Novo. Na reunião pós-curso, muitos dos organizadores se sentiam exaustos. Diziam que tais cursos eram muito cansativos, e que deveríamos fazer uma pausa no próximo ano e não oferecer curso algum. Certa vez ouvi tudo atentamente, e então disse: "Eu, com certeza, vou manter o curso no próximo ano. Porque, se é para fazer uma pausa, é melhor desistir por completo. Quem quiser participar no próximo ano, venha se inscrever nas próximas semanas". No final, todos acabaram participando novamente. Se eu tivesse me deixado guiar pelo clima de exaustão devido à estafa naquela noite, teríamos abandonado o trabalho com os jovens. Ou seja, minha paixão também contagiou os outros.

Podemos, portanto, manter a paixão viva apesar das resistências e obstáculos, começando por levá-la a sério. Talvez ela queira nos dizer algo, como, por exemplo, que devemos levar em consideração algumas coisas que até agora ignoramos. Ou que podemos contornar esses obstáculos com uma estratégia inteligente. Não devemos nos deixar desanimar de maneira alguma. Evidentemente, nós nos sentimos desapontados quando começamos um projeto com grande entusiasmo e logo encontramos resistência. Às vezes, essa resistência também se manifesta como resistência passiva: os outros simplesmente não se deixam contagiar. Eles não são contra, mas também não fazem nada a favor. Nesse caso, devemos sempre nos perguntar: O que quero alcançar com minha paixão? O objetivo ainda é coerente? Ele é bom para as pessoas? A maneira como estou buscando esse objetivo é apropriada para as pessoas com as quais quero alcançá-lo? Os meios que estou usando são os certos? Ou estou desconsiderando os interesses dos outros? Em nenhuma hipótese, devo me deixar paralisar. Pelo contrário, é minha tarefa me reconectar com minha paixão, para sentir dentro de mim força suficiente para superar resistências e obstáculos.

Uma ajuda importante nisso é a atitude de esperança. Em nosso empenho apaixonado por uma boa atmosfera de trabalho, por uma Igreja mais autêntica, por uma sociedade mais humana, estamos sempre enfrentando decepções. Para que essas decepções não nos levem à amargura e à resignação, mas nos estimulem a continuar nosso comprometimento com as pessoas, precisamos da esperança. Ela sempre aponta para o futuro. Como cristãos, esperamos pela vida eterna, que nos espera na morte. Mas essa esperança não é uma promessa vazia. Pelo contrário, ela nos permite continuar nos empenhando apaixonadamente por uma sociedade melhor. Pois não estamos fixados nos objetivos que nós mesmos estabelecemos, nem no momento em que serão alcançados. A esperança nos dá força para nos dedicarmos apaixonadamente aos nossos objetivos aqui e agora. Ela também nos dá um fôlego longo. Mesmo que não alcancemos esse objetivo, nosso esforço não será em vão. Esperamos que a semente que plantamos dê frutos um dia. Ademais, nossa esperança vai além deste mundo. Isso nos dá a força para nos empenharmos aqui e agora e vivermos apaixonadamente. Temos confiança de que na morte nossa paixão será consumada no amor de Deus, que é mais forte que a indiferença, mais forte que a morte.

A Martinho Lutero é atribuída a famosa frase – embora os estudiosos ainda debatam sobre sua veracidade: “Se o mundo fosse acabar amanhã, ainda hoje eu plantaria uma macieira”.

A esperança no futuro eterno nos impulsiona a fazer hoje tudo o que consideramos bom e importante, mesmo que não saibamos se poderemos vivenciar e ver o resultado de nossas ações.

Meu irmão era um ótimo professor, que se dedicava apaixonadamente aos alunos e alunas e explicava matemática de uma maneira que todos conseguiam entender. Recentemente, uma mulher que foi sua aluna há trinta anos participou de um seminário de gestão. Ela falou com grande entusiasmo sobre ele. Na época, ele era professor conselheiro. E como ela estava passando por um momento muito difícil, ela se dirigiu a ele e contou-lhe sobre sua aflição. Ele lhe deu coragem e esperança. Até hoje ela nunca se esqueceu disso. Eu então liguei para meu irmão e lhe relatei isso. Ele ficou muito feliz com esse reconhecimento. Disse: "Às vezes, como professor, temos a sensação de que todo o esforço é inútil. É bom ouvir que nem sempre é assim". Esse exemplo deveria dar aos professores que hoje se dedicam apaixonadamente aos seus alunos a esperança de que seu trabalho é importante e duradouro, e que muitas vezes eles transformam a vida dos alunos para o bem de uma maneira perceptível.

Manter-se apaixonadamente em movimento

A nós dois autores, a paixão dá a energia para ministrar cursos e palestras. É nossa paixão ajudar os outros em seu caminho e anunciar de modo compreensível a sabedoria da mensagem cristã. Mas também precisamos de uma mobilidade interna. Precisamos sempre nos perguntar se realmente estamos proclamando essa mensagem de maneira que toque o coração das pessoas e as ajude em seu caminho de vida. Há sacerdotes – e também leigos – que pregam uma teologia conservadora. Eles desejam, com sua paixão, que a Igreja recupere as condições que eles vivenciaram durante a infância e juventude – isso à força, se necessário. No entanto, a sociedade mudou e a imagem da Igreja também. Essas pessoas, porém, não percebem que sua paixão passa longe das pessoas de hoje, que ela, no máximo, toca o coração daqueles que querem manter tudo como está, sem se transformar e se desenvolver internamente.

Sempre que demonstro teimosia em minha paixão e não aceito outra visão, se não aceito outra maneira de agir, devo então me questionar se minha postura ainda é atual ou se estou apenas me agarrando aos meus antigos ideais e tentando impô-los aos outros à força. Às vezes, percebemos o medo da transformação nas pessoas muito conservadoras, como também o medo de admitir que estão só falando sem ouvir os outros e que ficaram ultrapassadas. Sua reação é então criticar os outros, porque – aos seus olhos – eles já não creem "corretamente". Se eu tenho paixão pela minha fé, confio que também existe nas pessoas para quem prego um anseio pela fé, por Deus, por um mistério que é maior do que elas mesmas.

Outra percepção é: minha paixão muda frequentemente ao longo da minha vida. Hoje já não posso mais viver da mesma maneira a paixão que me levou a lutar pela renovação da Igreja quando era um jovem monge. Sem dúvida, isso ainda é um interesse para mim. Se eu não tivesse paixão pela mensagem cristã, não realizaria tantas palestras e cursos. No entanto, ela mudou. Já não tem o caráter de luta, mas tornou-se uma paixão mais serena. Gosto de acompanhar as pessoas espiritualmente e fico feliz quando consigo transmitir a elas uma nova visão sobre a fé, mas também sobre sua vida, seja nos cursos seja em conversas individuais. Mas minha paixão não me pressiona mais.

Ela é, na verdade, uma fonte da qual posso beber. Contudo, ela não transborda mais inquietamente e não inunda tudo ao seu redor. É necessário um autoconhecimento honesto para perceber se minha paixão ainda é atual, se condiz com minha idade e se ainda responde à realidade das pessoas de hoje.

Antigamente, eu gostava de trabalhar com jovens. Mas, quando completei cinquenta anos de idade, percebi que, embora ainda gostasse de acompanhar os jovens, os cursos nos quais eu deveria entusiasmar os adolescentes já não eram mais adequados para mim. Sonhos me mostraram que, para mim, essa fase tinha chegado ao fim. Nesse processo, também encontrei pessoas que, aos sessenta anos, ainda estavam envolvidas com o movimento juvenil. Foi quando senti que alguma coisa estava errada. Tive a impressão de que tais pessoas precisavam dessa atividade para si mesmas, para se manterem vivas. Para alguns jovens, aqueles "velhos jovens" davam até um pouco de pena.

Um critério pelo qual é possível perceber se minha paixão ainda é atual é a minha linguagem. Eu falo de maneira que as pessoas de hoje me compreendam? Ou continuo dizendo as mesmas coisas que disse há cinquenta anos? Essa ainda é uma linguagem que as pessoas de hoje entendem? Ou minha linguagem se solidificou a ponto de apenas repetir as velhas fórmulas que, há cinquenta anos, eram bastante modernas, mas que hoje se tornaram incompreensíveis para muitos? A paixão permanece, mas a maneira como ela se expressa precisa mudar. Quando constato que estou sempre dizendo a mesma coisa, então devo me perguntar honestamente se minha linguagem realmente permaneceu viva. As conversas com a coautora deste livro, Hsin-Ju Wu, me desafiaram constantemente a revisar minha linguagem. Ela percebe imediatamente quando minha fala se torna estereotipada. E assim, trabalhamos juntos sobre uma maneira de nos expressar em nossos cursos hoje, para que as pessoas se sintam tocadas pela realidade do seu cotidiano. Hsin-Ju Wu é mãe de dois filhos adultos e está no meio da vida, de modo que tem uma boa percepção das necessidades das pessoas de hoje. Ela também é movida pela paixão de traduzir a espiritualidade beneditina para a realidade das pessoas em Taiwan e ajudá-las a viver uma espiritualidade sólida e cheia de esperança. Essa paixão a impulsionou a fazer doutorado em ciência da diaconia em Heidelberg, aos 55 anos de idade. E essa paixão a move até hoje a perguntar em cada palestra e curso que ministramos juntos: Isso é compreensível? Outros poderão traduzir isso para sua própria vida? Isso é realmente útil? Assim, sua paixão também me mantém vivo e me impede de cair numa rotina linguística.

Capítulo V

Como posso pôr minha paixão em prática?

A paixão precisa de formas nas quais eu possa acioná-la de maneira que ela desenvolva sua força para o bem das pessoas. Gostaríamos de oferecer aqui algumas orientações sobre como colocar a paixão em prática e mantê-la viva por muito tempo.

Disciplina no tempo – encontrar um ritmo apaixonado

Em certo sentido, a paixão é o oposto de uma vida que segue de maneira controlada. Quem quer controlar seus sentimentos e paixões, diz o ditado, acaba perdendo o controle de tudo. A vida não pode simplesmente ser controlada. No entanto, a paixão também precisa de disciplina para que possa se sustentar por um longo tempo. A disciplina é a arte de ser sempre feliz, dizia Hildegarda de Bingen. Disciplina não tem nada a ver com controle. O termo "disciplina" deriva do latim e tem sua raiz no verbo *discapere*, que significa: tomar nas mãos, criar por si mesmo. Também pode significar: desmembrar para apreender, para compreender. Eu divido o meu dia, o meu tempo, para me entender melhor e, assim, poder permanecer fiel a mim mesmo. A disciplina é, portanto, a arte de dar à minha vida a forma que lhe é adequada, uma forma na qual me sinto bem, na qual tenho o sentimento: Eu mesmo estou moldando a minha vida, não sou determinado por coisas externas.

Existem várias formas de disciplina, como, por exemplo, no que diz respeito à organização do tempo. Não se trata de forçar o tempo a seguir um compasso preciso, mas de dar ao dia um bom ritmo. De acordo com C. G. Jung, quem trabalha no ritmo pode ser mais eficaz e sustentável em seu trabalho. Isso porque o ritmo nos mantém alerta. Nosso próprio biorritmo nos impulsiona a ouvir o ritmo interior. Uma forma de imprimir ritmo ao tempo é praticar rituais. Theo Sundermeier, protestante e filósofo da religião, escreve sobre o efeito curativo dos rituais sobre o tempo: "O fluxo não estruturado e ininterrupto do tempo é insuportável para o ser humano. Ele precisa de um lapso de tempo bem estruturado, o tempo realçado, que novamente torna o tempo normal tolerável e inofensivo" (Sundermeier, 1998, p. 261). Quando dou um bom ritmo ao meu dia, isso corresponde à minha essência. Pesquisadores do cérebro falam que o cérebro também precisa de um bom ritmo para poder se recuperar e ser criativo. O tempo desordenado sobrecarrega o cérebro, e ele se torna menos eficiente. Eu também organizo meu tempo. Escrevo com paixão, mas para conseguir fazer isso, preciso definir horários claros que eu reservo para meu trabalho. Caso contrário, a paixão pela escrita seria apenas uma afirmação vazia e infrutífera. Não produziria nada. Quando escrevo, às vezes percebo que sou distraído.

Eu poderia, por exemplo, ler algo ou mexer no celular. Mas então eu me disciplino e não fujo do tema, nem me deixo distrair por mil outras coisas interessantes. Mas não estou falando de uma disciplina coerciva que imponho a mim mesmo. Eu também presto atenção aos meus sentimentos. E de vez em quando me deito na cama por alguns minutos, quando sinto que estou vazio de ideias. Então, com frequência, espontaneamente me ocorre algo novo, algo que posso escrever.

Normalmente, não sinto pressão de tempo. Eu poderia me dar mais tempo. Mas, quando estou escrevendo, coloco-me sob certa pressão. Eu sinto então a ambição de terminar o artigo ou de continuar no tema do livro, seja escrevendo algo sobre ele, seja indo à biblioteca para buscar novas inspirações. Claro, essa pressão não deve se tornar compulsiva. Mas, sem esses objetivos ambiciosos que estabeleço para mim, eu não avançaria na escrita.

Além da disciplina em relação ao tempo, existe a disciplina no campo da ordem – por exemplo, na mesa de trabalho ou no apartamento. Eu percebo que esse tipo de disciplina não é tão pronunciado em mim. Aqui Hsin-Ju Wu é muito superior a mim. Como as moradias em Taiwan são muito pequenas, ela já é forçada pela situação extrínseca a manter a ordem. Para mim, seria muito dispêndio de tempo estar sempre arrumando e colocando tudo no lugar. No entanto, de vez em quando, sinto a necessidade de organizar meu quarto e a mesa de trabalho. Cada um tem sua própria forma. Mas, como quase tudo, também existem extremos nesse quesito. Alguns são pedantes e quase compulsivos na organização. Nada pode ficar espalhado, e as canetas devem estar todas no mesmo espaço, ordenadas na sequência correta. Por outro lado, algumas pessoas têm uma desordem absoluta em suas coisas. Em conversas, os homens, geralmente solteiros, estão sempre me dizendo que não conseguem deixar a casa em ordem. Eles se apegam às coisas, não conseguem se livrar delas. Com o tempo, isso se torna incômodo. Eles já não se sentem bem.

Isso é o que provavelmente Hildegarda de Bingen quis dizer quando afirmou que a disciplina é a arte de se sentir sempre feliz. Quando tenho a disciplina de organizar meu quarto, me sinto bem nele. Mas cada um precisa encontrar a ordem que lhe convém. Conheço pessoas que arrumam totalmente a mesa de trabalho à noite. Outras deixam as pastas e os papéis sobre ela. Mas elas conhecem seu ambiente e sabem onde encontrar o que procuram. Não se trata da ordem absoluta; o importante é ter uma boa ordem que apoia minha paixão. Se eu me irrito demais porque não encontro algo, isso paralisa minha paixão. Experimentei como a paixão sem disciplina se torna ilusão com uma estudante de 17 anos, que me contou, cheia de entusiasmo, que amava apenas Jesus. Eu disse que ficava feliz com seu amor apaixonado por Jesus. Mas, quando perguntei especificamente como era seu dia a dia, percebi que sua vida era um completo caos. Ela nem conseguia sair da cama pela manhã para poder amar Jesus. Esse amor era para ela apenas uma ilusão, uma distração que a ajudava a escapar de sua vida caótica. Sua paixão não tinha o poder de moldar sua vida, mas era apenas uma desculpa para não enfrentar a verdade sobre seu cotidiano. Muitos pensam que os artistas seguem a intuição e só escrevem ou pintam quando a musa os inspira. No entanto, a maioria dos escritores tem uma grande disciplina sobre o horário e a duração do tempo que dedicam à escrita todos os dias. Com uma agenda clara, eles, disciplinados, permanecem muitas horas sentados à mesa de trabalho. Isso não significa que a atividade de escrever sempre seja igualmente boa. Mas, se você sempre adiar a escrita para momentos criativos, no longo prazo não produzirá muito.

Disciplina física – paixão pelo próprio corpo

Quem se dedica apaixonadamente a uma tarefa precisa de disciplina física. Isso significa, por um lado, que eu cuido da minha alimentação. Conheço pessoas que trabalham com paixão, mas têm horários de refeições totalmente irregulares ou comem entre as refeições e depois se surpreendem ao ganhar peso. Elas não cuidam do corpo. Mas, então, percebem que estão acima do peso e ficam aborrecidas consigo mesmas. Isso lhes retira energia e enfraquece sua paixão.

Tomás de Aquino era obviamente alguém que, por pura paixão pela ciência, negligenciava sua disciplina física. Para que ele pudesse se sentar à mesa de estudos, foi necessário fazer um corte semicircular nela. Tomás, por vezes, fazia comentários de autoironia sobre sua imponente constituição corporal. Seus irmãos de ordem o chamavam apenas de "o boi mudo". No entanto, sua corpulência não o impediu de se dedicar completamente à ciência, nem de ler e escrever incansavelmente. No final de sua vida, contudo, essa paixão o abandonou. Ao que parece, ele teve uma experiência mística que o fez abandonar a pena. Suas últimas palavras teriam sido: "Não posso mais; diante do que vi, tudo o que escrevi parece-me palha" (Weischedel, 1999, p. 98).

Outros são tão apaixonados pelo que fazem, que no final do dia de trabalho não conseguem parar. Mas uma quantidade saudável de sono também faz parte da disciplina física. Quem negligencia esses aspectos físicos, como alimentação e sono, acabará perdendo sua paixão. Pois o corpo, após algum tempo, começará a se rebelar e lhe negará forças. Quem vive sem disciplina física, fica cansado, sem energia e perde a vontade de se dedicar a algo com paixão. Um homem contou, por exemplo, que nos últimos anos se limitou a dormir quatro horas e meia por noite. Mas após três anos, ele desmoronou, não tinha mais energia para trabalhar, para viver. Portanto, também nesse aspecto, uma ordem saudável se faz necessária. Por outro lado, há pessoas que passam a vida dormindo. Mas também há justamente aquelas que evitam o sono porque é um período em que não podem exercer controle. No entanto, a disciplina não se refere a controle, mas a um instrumento para encontrar e viver meu ritmo interior.

A disciplina física também inclui o movimento. Os médicos da Antiguidade não viam a cura de doenças como sua principal tarefa, mas sim a assim chamada dietética. É a arte do viver saudável. Isso inclui a forma adequada de lidar com a luz e o ar, ou seja, uma maneira de não se tornar uma pessoa sedentária, mas também fruir a natureza, não apenas por causa da luz, mas também do ar fresco e da respiração. A arte do viver saudável começa com coisas puramente físicas, justamente com um bom equilíbrio entre alimentação e jejum, vigília e sono, movimento e descanso. Hoje, os médicos aconselham que nos movimentemos o suficiente, com caminhada ou corrida, mas sempre é uma questão de encontrar a medida adequada. Algumas pessoas também podem exagerar na corrida e se forçar a ter cada vez mais rendimento.

Na Antiguidade, os médicos já sabiam que o bom tratamento do corpo também tem um efeito curativo sobre a alma. Os latinos expressaram isso no provérbio: *mens sana in corpore sano*, mente sã em corpo são. Isso, é claro, não deve ser visto como uma verdade absoluta, pois muitas pessoas doentes evidentemente também têm uma mente sã. Não podemos escolher nossa constituição física. O importante é lidar bem com o que somos. Alguns tratam seu corpo como uma máquina. Querem torná-lo o mais perfeito possível por meio de esportes e alimentação. Mas não o tratam com carinho. Não têm uma boa relação com ele. A boa disciplina inclui ouvir meu corpo e tratá-lo com amor, seja ele saudável ou doente. O bom trato com o corpo é a condição necessária para que nossa paixão permaneça e nos dê força. Ela pode mudar com a idade, mas não vai simplesmente desaparecer.

Disciplina psíquica – enfrentar os demônios

A disciplina psíquica no trato das paixões foi amplamente descrita pelo psicólogo entre os primeiros monges, Evágrio Pôntico (345-399). Trata-se de olhar para as paixões destrutivas que afloram em cada um de nós, observá-las atenciosamente, investigá-las e depois encontrar maneiras de lidar com elas, de modo que a força contida nelas sirva ao nosso caminho espiritual e nos motive a buscar Deus apaixonadamente, a estender-nos para ele. Evágrio foi um respeitado Padre do Deserto porque tinha um conhecimento profundo sobre o funcionamento das paixões e conseguia expressar esse conhecimento de tal maneira que os monges podiam reconhecer a essência das paixões e lidar apropriadamente com elas. O objetivo não era suprimir as paixões, mas familiarizar-se com elas e, então, transformá-las para poder usá-las em benefício da vida e das aspirações. Para Evágrio, a disciplina se manifesta no trato adequado das paixões. Ele fala de oito, às vezes nove, paixões, que associa aos três âmbitos do ser humano: o concupiscente (*epithymia*), o emocional (*thymos*) e o intelectivo (*nous*). Ao âmbito concupiscente, ele associa três instintos: alimentação, sexualidade e desejo de posse. De modo geral, ele avalia os instintos como bons, pois eles nos impulsionam à vida e nos permitem aproveitar a vida. Mas eles também podem se tornar vícios. Por isso, é necessário encontrar a medida certa no trato com elas. Ao âmbito emocional, Evágrio associa três paixões: tristeza, cólera e acídia. Ao intelectivo, ele associa outras três paixões: vaidade, inveja e orgulho. Ele escreveu detalhadamente sobre essas paixões e desenvolveu estratégias sobre como podemos reagir a elas de maneira que não nos dominem, mas nos tornem mais maduros humanamente e nos fortaleçam em nosso caminho espiritual.

Vejamos inicialmente as paixões que surgem no âmbito emocional: tristeza, ira e acídia. Com frequência, a causa da tristeza são desejos infantis em relação à vida. Como as ideias ilusórias que eu tinha a respeito do futuro não são realizadas, fico imerso em autopiedade e me compadeço de mim mesmo. Minha tarefa é observar a tristeza e então reconhecer seu motivo. Ou são ilusões que criei em relação a mim e a meu futuro, ou, como Evágrio aponta, é a dependência de coisas externas. Fico triste porque não posso ter o que desejaria; por exemplo, reconhecimento. Eu me apego às minhas carências, em vez de ser grato pelo que recebi. Então, como ensina o budismo, é essencial desapegar-se das coisas. Somos, portanto, responsáveis pela forma como lidamos com nossa tristeza. Isso não significa que não podemos ficar tristes.

Isto também faz parte da vida. Mas quando a tristeza se torna autopiedade, então preciso tentar aceitar a vida e lidar com ela como ela é, em vez de me apegar a ilusões de uma vida feliz.

Evágrio menciona como remédio para a tristeza (*lype*) o luto (*penthos*). Isso significa que eu faço uma despedida dolorosa das minhas ilusões e ideias infantis sobre a vida e, em vez disso, digo "sim" à vida como ela é. Somente quando faço essa despedida das minhas ilusões no luto, posso me entregar com paixão àquilo que é importante para mim. O oposto de luto é a lamentação. Eu me lamento da vida porque ela não atendeu às minhas expectativas. Alguns estudantes percebem, após dois anos de curso, que o que estão fazendo e aprendendo, na verdade, não é o que lhes interessa, nem o que tem a ver com suas habilidades. Talvez eles se lembrem de que havia outras opções de curso, outras disciplinas. Então, eles se lamentam do que não escolheram. Isso lhes tira toda a energia. Se, em vez disso, eles apenas se enlutassem pelo fato de não terem escolhido aquela outra área, poderiam se dedicar com toda a força ao curso atual e se sair bem nele. Claro, há situações em que é necessário trocar de curso para outro que seja mais condizente com a pessoa. Mas, muitas vezes, tão logo surgem dificuldades, a pessoa se lamenta da decisão que tomou e acaba se paralisando com isso. A própria pessoa elimina sua energia.

Evágrio diz que a cólera é "a mais intensa das paixões. É uma ebulição da parte irascível da alma, que se volta contra aquele que fez mal, ou que se crê tê-lo feito. Ela enfurece a alma sem cessar e se impõe na consciência principalmente durante o tempo de oração" (*Prático*, cap. 11). Em vez de nos deixarmos dominar pela cólera, devemos transformá-la, convertendo-a em força para nos distanciar de quem nos feriu, libertando-nos do poder do outro. Devemos transformar a cólera em ambição e dizer para nós mesmos: "Eu posso viver por mim mesmo. Não vou deixar que me destruas".

Outra forma de disciplina no trato com a cólera é não deixar que "se ponha o sol sobre a vossa ira", como Paulo formula (Ef 4,26). Evágrio não fundamenta esse ensinamento do apóstolo de maneira moral, mas sim psicológica. Pois, se levarmos a cólera conosco para o sono, ela nos ocupará nos sonhos e no subconsciente e não nos dará descanso. Na manhã seguinte, vamos nos levantar cansados e sem forças. A verdadeira força que transforma a ira é, para Evágrio, o amor: "Ora, a parte irascível tem necessidade de mais remédios do que a parte concupiscente: é por isso que o amor é tido em alta estima, pois é o freio da parte irascível" (*Prat.*, cap. 38).

Os psicólogos atuais podem confirmar essa percepção de Evágrio. Por trás do ódio e da raiva, muitas vezes há um amor frustrado. Em muitas terapias, o objetivo é entrar em contato com esse amor por trás da raiva. Quando isso acontece, a cólera se dissolve. Ao contrário de Evágrio, que simplesmente descreve o fenômeno da cólera, os psicólogos de hoje buscam a causa e a encontram na rejeição, na decepção, na frustração e nas humilhações vividas na infância. As pessoas que odeiam são "abaladas em seu cerne, feridas e muito inseguras de si mesmas. O sentimento latente de rancor e ódio apenas encobre a gravidade da ofensa e da decepção que elas sofreram" (Kutter, 1978, p. 59).

Mas Evágrio também conhece a força positiva da cólera. Podemos usá-la para lutar contra paixões destrutivas, como a dependência dos prazeres mundanos ou a indisciplina em relação à comida e à bebida. Desse modo, usamos a força que está na cólera para nos libertarmos de dependências que não nos fazem bem, ou de hábitos prejudiciais.

A paixão destrutiva da acídia, da preguiça, significa que a pessoa está insatisfeita com o lugar onde vive, com as pessoas com quem convive. Ela reclama do apartamento, que não serve para ela, dos colegas, da família. Não consegue nem mesmo suportar a si mesma. O mais indicado é fugir disso. Em última instância, a acídia é a incapacidade de se entregar ao momento presente: não tenho vontade de trabalhar, pois é muito cansativo, nem de rezar, pois é entediante. Não consigo nem mesmo aproveitar o ócio. Não sei o que fazer comigo mesmo e gostaria de sair de minha própria pele. Contra essa paixão destrutiva, Evágrio propõe como auxílio a disciplina de simplesmente ficar na cela e suportar a si mesmo com todo o caos interior que surge. É preciso olhar para a dilaceração interior e aceitá-la. Então, ela pode se transformar em paz interior. Porém, se estivermos sempre fugindo de nós mesmos, a acídia não pode se transformar. Também aqui, é importante entregar a Deus a incapacidade interior de se suportar, a fragmentação e o vazio interiores, na confiança de que seu amor entra em nosso vazio e o transforma em paz interior. A acídia é o oposto de uma vida apaixonada. Ela significa falta de desejo, preguiça, viver por viver, sem enfrentar a verdade própria. Evágrio aconselha perceber a acídia em si e transformá-la em novo prazer pela vida, em nova paixão.

Ao âmbito intelectivo, Evágrio associa três paixões: vaidade, inveja e orgulho. A vaidade – segundo Evágrio – surge principalmente em pessoas que têm o desejo de avançar em seu caminho espiritual. No entanto, elas têm a necessidade de sempre narrar seus progressos para os outros. No âmbito mundano, encontramos a vaidade em pessoas narcisistas, que precisam falar o tempo todo sobre seus sucessos e suas forças. Evágrio afirma que não é fácil escapar da tentação da vaidade. "O que quer que se faça para se livrar dela, isso se torna causa de um novo tipo de vaidade" (*Prat.*, cap. 30).

Todo ser humano deseja reconhecimento dos outros. Isso não é algo ruim, pois nos impulsiona a realizar algo e a nos dedicar apaixonadamente. No entanto, a vaidade distorce nossa paixão. Passamos a vivê-la para ser elogiados pelos outros. O desejo de elogio, em si, é simplesmente humano, e pode ser útil reconhecer, com humildade, que gostaríamos de ser elogiados. Ao mesmo tempo, precisamos abandonar esse desejo de reconhecimento constante. Digamos a nós mesmos: "Não faço isso para ser visto, mas porque o considero bom".

A inveja está relacionada à vaidade. Eu não estou comigo mesmo, não fico em mim mesmo, mas me comparo constantemente com os outros. Tenho inveja das pessoas que são mais amadas do que eu, que têm mais sucesso, que são mais ricas. No entanto, a inveja me enfraquece. "A inveja envenena por dentro, rói a substância, corrói a alma" (Kutter, 1978, p. 136). O invejoso está constantemente preocupado com a pessoa invejada. Isso lhe rouba toda a energia e enfraquece sua paixão pelo bem. A inveja pode se tornar uma paixão realmente destrutiva: "A destruição absurda de propriedade alheia é frequentemente consequência de explosões passionais de inveja" (p. 137s.).

Outra forma de expressão da inveja é desvalorizar constantemente os outros, diminuir suas qualidades. Não raro, a inveja é uma expressão de baixa autoestima. Portanto, a transformação da inveja só funciona quando eu fortaleço minha autoestima. Devemos "questionar a desproporção entre a subestimação de si mesmo e a superestimação do outro" (p. 142). A inveja nos convida a confessar nossa própria carência: sim, eu quero sucesso e reconhecimento, quero ser popular, famoso. Ao admitir minha carência, posso soltá-la e tentar aceitar com gratidão aquilo que tenho. A inveja pode ser transformada em paixão positiva se eu olhar gratamente para a minha própria vida e para os dons que Deus me deu.

A pior das paixões, para Evágrio Pôntico, é o orgulho, a *hybris*: "O demônio do orgulho é a causa da queda mais grave do ser humano. Ele, de fato, seduz o monge a não procurar em Deus a causa de suas ações virtuosas, mas sim em si mesmo. Ele considera seus irmãos tolos, apenas porque não têm a mesma opinião que ele" (Prat., cap. 14). Quem é orgulhoso tem uma autoimagem que não corresponde à forma como é visto pelos outros. Ele precisa se apresentar como grande, para com isso compensar sua inferioridade. E ele não tem medida para sua autoimagem. Considera-se a pessoa mais importante e inteligente, e desqualifica todos os outros. Para Evágrio, é essencial transformar essa soberba em humildade. Uma ajuda para isso é a lembrança da própria vida.

"Pensa na tua vida anterior e nos teus pecados passados, e em como alcançaste a impassibilidade pela misericórdia de Cristo embora tivesses sido dominado pelas tuas paixões... Esses pensamentos despertam em nós um sentimento de humildade e repelem o demônio do orgulho" (cap. 33).

A Bíblia descreve o orgulho com a imagem da cegueira. João relata, por exemplo, a cura do cego de nascença (cf. Jo 9,1-12). Na época de Jesus, uma doença era frequentemente entendida como uma punição por algo feito pela própria pessoa ou pelos pais; esse também era o caso da cegueira. No entanto, Jesus se opõe à ideia de perguntar sobre o pecado. Ninguém pecou, mas é "para que as obras de Deus se manifestem nele" (Jo 9,3). O cego de nascença está aberto à obra de Deus nele, não apenas à salvação por Deus, mas também à ação de Deus em sua doença. Se tomamos o cego de nascença como uma imagem de nós mesmos, ele nos lembra que, por vezes, desde o nascimento, tivemos de fechar os olhos porque não podíamos contemplar a realidade como ela se nos apresentava. Foi necessário para nossa sobrevivência fechar os olhos e nos proteger das experiências traumáticas da infância. Mas agora, como adultos, essa estratégia não funciona mais. Agora precisamos de olhos abertos para encarar a vida como ela é.

Jesus cura o cego de nascença, cuspindo na terra (*humus*) e fazendo barro com a saliva, que ele, em seguida, passa nos olhos do cego. Com isso, ele quer dizer: Você precisa se reconciliar com a sujeira dentro de você, com o que é terrestre, com tudo aquilo que você prefere não olhar. Então, Jesus ordena ao cego: "'Vai lavar-te na piscina de Siloé' – que quer dizer Enviado" (Jo 9,7). O cego deve, portanto, apresentar a Cristo sua realidade, como ela é, com tudo o que é feio, com toda a sujeira. Jesus lava a imundície com seu amor. Então, o cego se torna capaz de se aceitar, porque tudo – até mesmo seus lados de sombra – é envolvido e transformado pelo amor de Jesus.

Percebi como a soberba se manifesta concretamente num funcionário que se considerava superqualificado para qualquer tarefa que lhe oferecíamos. Isso o impedia de se dedicar realmente ao seu trabalho. Existe um provérbio chinês que descreve bem essa soberba: "Olhos altos, mãos baixas". Quem tem olhos muito altos, ou seja, olha os outros de cima para baixo, não agarra nada, não vai conseguir produzir nada de grande com suas mãos. Ele passa o olhar por cima de tudo, mas não faz nada. A soberba o impede de agir com paixão.

Evágrio admite que todos conhecem a tentação da soberba, da *hybris*. No entanto, não devemos nos condenar por isso, mas perceber a *hybris* em nós e encontrar a coragem de descer até nossa própria verdade. A humildade significa a coragem de descer aos abismos da própria alma, à nossa própria terrenalidade. Então, voltamos a ter chão sob os pés. Então, podemos ficar serenamente com ambos os pés sobre o chão, e não nos elevamos da terra com imagens ideais de nós mesmos, perdendo assim todo o apoio.

Evágrio nos aconselha a observar cuidadosamente nossos pensamentos. Ele exige do monge:

> Ele deve prestar atenção à sua intensidade, também ao momento em que eles diminuem, quando surgem e quando desaparecem. Deve observar a diversidade de seus pensamentos, a regularidade com que aparecem, os demônios responsáveis por eles, qual demônio se segue a outro, qual não. Então, deve pedir a Cristo que lhe explique tudo o que observou (*Prat.*, cap. 50).

Portanto, devemos observar nossas emoções e paixões meticulosamente, sem julgá-las, mas simplesmente tentando compreendê-las. E depois devemos pedir a Cristo que nos explique o que esses pensamentos realmente querem de nós e como podemos lidar com eles. Ou seja, no momento da oração, devo apresentar a Cristo tudo o que surge em mim e falar com ele sobre isso. Então, o sentido contido em cada paixão ficará claro para mim.

A paixão é uma força motivadora carregada de emoção. O tratamento das paixões, como Evágrio descreve, tem o objetivo de purificar essa força propulsora, para que ela não se torne um círculo narcisista em torno de si mesma, mas sim um empenho apaixonado por outras pessoas ou por Deus. Precisamente o orgulho demonstra que toda ação apaixonada pode ser pervertida. Meu desejo apaixonado de uma ascese cada vez mais rigorosa acaba servindo apenas para a glorificação do próprio ego. Eu ajo como se estivesse me abrindo para Deus com meu jejum e minha meditação constante. Mas, na realidade, eu apenas estou girando em torno de mim mesmo. Quero me destacar como uma pessoa especial.

Mesmo que eu, tal qual Jesus, lute furiosamente contra as estruturas injustas na sociedade, devo me examinar. Estou realmente utilizando minha paixão irada em benefício dos outros ou estou lutando contra as pessoas que considero injustas? O objetivo é combater a injustiça, mas não as pessoas. Posso estabelecer limites para pessoas injustas, mas se eu me deixar levar pela raiva e recorrer à violência, isso é um sinal de que minha paixão ainda não foi purificada. Por exemplo, quando ativistas climáticos protestam contra a exploração da natureza, isso é um sinal de uma boa paixão. Mas, se eles praticam violência contra outros nesse processo, sua paixão está turvada por um ressentimento que os domina. Eles não estão usando sua raiva a favor das pessoas, mas contra elas. Evágrio escreve:

> A natureza da ira é combater os demônios e lutar contra os prazeres... Porém, esses (os demônios da ira) tentam nos seduzir para prazeres mundanos e nos constrangem, contra nossa natureza, a brigar com nossos semelhantes, e isso para que o intelecto seja obscurecido e se separe da ciência, tornando-se um traidor das virtudes. (*Prat.*, cap. 24).

Essas palavras, escritas há mais de 1650 anos, deveriam ser levadas a sério por todos os manifestantes que desejam direcionar sua cólera contra condições injustas, mas frequentemente se veem induzidos a voltar sua raiva contra os semelhantes. Evágrio constantemente nos adverte a observar com atenção nossas paixões e purificá-las, para que elas sirvam à vida e também despertem vida nos outros.

Paixões são chamadas de *passiones* em latim. Na teologia moral, em vez de paixões, frequentemente se fala em ganância, como, por exemplo, a ganância pelo dinheiro ou a ganância pela comida. O termo latino para ganância e desejo é *concupiscentia*. Os primeiros Padres da Igreja da escola antioquena entendiam o desejo sensível como algo criado por Deus. Para eles, a tarefa do ser humano é direcionar o desejo para o bem. Tomás de Aquino tem uma visão semelhante, partindo da unidade essencial do corporal e do espiritual. Para ele, o desejo é uma parte essencial da natureza humana. Já Agostinho, por outro lado, via o desejo de maneira mais negativa, considerando-o a causa do pecado. No entanto, ele também reconhece uma expressão positiva para o desejo: *desiderium*. Isso pode ser traduzido como "anseio": na avidez humana, há um profundo anseio por vida, por vitalidade, por uma sensualidade realizada. Nossa tarefa é reconhecer o anseio no desejo e direcioná-lo para Deus. Desse modo, nossa espiritualidade se torna uma espiritualidade apaixonada.

Além do aspecto negativo de *Gier* (ganância), a língua alemã também conhece um positivo, como pode ser encontrado na palavra *Neugier* (curiosidade). Por óbvio, a curiosidade também pode ter uma conotação negativa, quando alguém está sempre metendo o nariz nos assuntos dos outros e perguntando sobre os mais recentes escândalos. Esse tipo de curiosidade tira sua energia do desejo instintivo. No entanto, ela também pode ser uma paixão positiva e que promove a vida, quando, por exemplo, sou curioso para explorar algo.

A curiosidade me instiga a adentrar cada vez mais fundo no mistério da vida, sempre em busca de palavras que descrevam adequadamente o mistério de Deus.

> A curiosidade é produtiva, criativa: o primeiro encontro com uma pessoa que nos é simpática, com quem nos entendemos, dá asas ao nosso pensamento. São tocados em nós

> sentimentos que talvez nunca tenham sido sentidos antes ou que estavam desde muito tempo adormecidos (Kutter, 1978, p. 163).

Essa curiosidade apaixonada impulsiona os cientistas a pesquisar novidades, motiva os artistas a experimentar coisas novas. E às pessoas em busca espiritual ela proporciona a energia para continuar procurando e não se contentar precipitadamente.

O que a curiosidade revela como paixão se aplica, em última análise, a todas as paixões: elas podem destruir e restringir a vida. Mas também podem despertar a vida. Podem nos impulsionar a um empenho entusiasmado pelos outros. Elas nos motivam a viver de forma mais intensa e nos impedem de simplesmente ficar parados e nos acomodarmos com o já existente. Sem paixão, a vida se torna monótona. Por isso, nossa tarefa constante é purificar as paixões das forças e motivos destrutivos, para descobrirmos suas energias vitalizadoras, que nos impulsionam para uma vida plena.

Disciplina espiritual – seguir a inteligência

Talvez você conheça esta situação: você se inscreve num curso de meditação ou exercícios espirituais e fica totalmente fascinado pela prática que é realizada ali. Após seu retorno para casa, você se compromete a continuar praticando tudo isso diariamente. No entanto, após duas semanas, as boas intenções se desvanecem, a prática desaparece, pois há tantas outras importantes para fazer.

Então muitos se queixam de que o seu cotidiano simplesmente não permite manter a paixão pelo caminho espiritual. Ou se culpam por terem disciplina escassa para seguir vivendo uma vida espiritual.

Por outro lado, a psicologia comportamental sabe: se eu cumpro ou não o que me proponho não é uma questão de disciplina ou força de vontade, mas de inteligência e prática. Se eu sentir resistência dentro de mim em relação a um exercício ou se eu o deixar de lado, não faz sentido me insultar ou me culpar a mim mesmo, dizendo que simplesmente sou fraco. Pois os sentimentos de culpa me paralisam e me roubam a energia. Seria mais eficaz falar com essa resistência, questioná-la. Se ela me responder que o exercício não condiz com minha paixão mais profunda, mas que eu só estou querendo imitar um mestre espiritual ou provar para mim mesmo ou para os outros que sou uma pessoa espiritual, então devo procurar outro exercício que seja adequado para mim, que corresponda à minha essência. Talvez a resistência também me revele que estou esperando demais da meditação diária, porque penso que sempre devo ter uma experiência espiritual profunda. No entanto, mesmo que eu reserve tempo para meditar, pode ser que eu sinta apenas vazio ou não tenha nenhuma experiência espiritual especial.

Então, minha resistência me mostra que preciso transformar minha atitude em relação aos exercícios: eu pratico a meditação ou a leitura da Bíblia, ou o que quer que eu tenha me proposto, não para tentar provar algo a alguém. Tampouco as pratico para parecer bem diante de Deus. Deus não precisa da minha meditação nem dos meus rituais. Eu também não os pratico para me sentir bem e usufruir sentimentos espirituais. Eu os pratico para ser cada vez mais transformado na forma única que Deus fez de mim e para manter alerta a minha paixão espiritual.

Na conversa com minhas resistências eu permito que a força das paixões se torne frutífera para o meu caminho de amadurecimento e para o meu caminho espiritual. Ela revela se minha motivação para esse caminho espiritual está certa ou não e me mostra que, muitas vezes, eu estou partindo de uma imagem errônea de Deus. Eu acho que preciso provar algo a Deus, preciso contentá-lo, fazer algo difícil. Mas, então, em minhas ações espirituais, eu acabo girando em torno do meu próprio ego. Conheço pessoas que meditam com paixão várias horas por dia. Mas elas não se transformam com isso, não se tornam mais maduras como seres humanos, nem avançam em seu caminho espiritual. Pois a paixão delas é muito marcada pela busca de fama ou pela *hybris*. Elas querem ser melhores do que os outros. A paixão espiritual autêntica sempre conduz à humildade e à solidariedade com os outros.

A inteligência também é um bom guia quando penso sobre quanto tempo devo dedicar aos meus rituais e exercícios diários. Alguns planejam meditar por meia hora pela manhã. Mas, então, sofrem para acordar cedo o suficiente. Ou se sentem muito cansados pela manhã e acabam abandonando a meditação por completo. Nesse caso, é mais inteligente escolher um ritual breve pela manhã, que não exige grande esforço, mas que me faça bem todos os dias e que eu aguardo com prazer. Por exemplo, posso começar todos os dias com um conciso ritual de bênção: fico de pé e levanto as mãos. Em seguida, imagino que a bênção flui pelas minhas mãos para minha família e depois para as pessoas com as quais e para as quais trabalho naquele dia. O ritual dura cerca de três minutos. Mas, então, minha fé realmente começará a moldar o meu cotidiano. Ou posso escolher apenas um breve momento de silêncio. Se eu me sentir bem com isso, posso depois estender um pouco mais o tempo durante o decorrer do dia.

Na Igreja protestante, é comum ler diariamente a chamada "Losung" - um versículo bíblico que pode ser encontrado em um livro onde, para cada dia do ano, é sorteado um versículo da Bíblia. Depois, medita-se sobre esse versículo, usando-o como máxima para o dia todo. Um cristão iraniano me contou que, todas as manhãs, ele lê algo do meu livro com textos para o ano todo *Cada dia um novo começo*, primeiro em silêncio e depois em voz alta. Depois ele se acalma, pensa a respeito e leva consigo os pensamentos desse texto ao longo do dia.

A inteligência também me indica qual seria a melhor hora do dia para realizar um ritual como esse. Se eu sou uma pessoa que acorda de mau humor, não faz sentido reservar muito tempo para o ritual matutino. Se à noite estou muito cansado, também não é prudente me sentar para uma longa meditação. Talvez eu precise apenas de um ritual curto, no qual entrego meu dia a Deus. A inteligência me permite fazer experimentos com meus rituais e práticas espirituais para descobrir o que mantém viva minha paixão espiritual. Àqueles que intencionavam meditar diariamente, o psicoterapeuta e mestre zen Karlfried Graf Dürckheim aconselhou que, em boa consciência, passassem um ou dois dias da semana sem meditar, pois isso seria melhor do que estar sempre abandonando a meditação e ficar com a consciência pesada. Além disso, esse conselho faz que meus rituais não se tornem obrigação e que minha vida espiritual não tenha um caráter forçado, mas respire liberdade.

Os Padres do Deserto seguiram seu caminho ascético com muita paixão. Isso lhes deu força para levar uma vida de grandes privações, jejuar rigorosamente e trabalhar arduamente, renunciando a muitos confortos. No entanto, sempre houve monges que exageravam em suas práticas ascéticas. Eles queriam parecer ascetas especialmente fortes perante os outros.

No entanto, as narrativas dos Padres do Deserto mostram que muitas vezes essas pessoas ou abandonaram seu caminho espiritual e voltaram para o mundo, ou realmente perderam a razão, tal como perderam a moderação na paixão. Eles não perceberam que suas paixões espirituais haviam se misturado com as paixões destrutivas do orgulho e do desejo de glória.

Evágrio diz: quem luta sem método, luta em vão. Nossa vida espiritual necessita de uma disciplina, uma boa forma e rituais saudáveis. Para que nossa paixão espiritual permaneça viva, devemos encontrar aqueles que correspondam à nossa essência. Quando praticamos essas formas, não é para nos elevar acima dos outros. Os monges têm imagens bem mais humildes para isso. Eles dizem: "Vou para o deserto para domar o cachorro agressivo dentro de mim, que, caso contrário, atacaria os outros, e assim impedi-lo de lhes causar mal". Eles praticam seus rituais e suas formas ascéticas a partir da consciência da própria fraqueza. Sou fraco e, por isso, preciso de uma forma que me ampare, que mantenha minha paixão espiritual viva.

Outra imagem que fortalece a paixão espiritual dos monges: Vou para o deserto, um lugar dominado pelos demônios. Se eu levo luz para lá, para a escuridão ao meu redor e dentro de mim, então o mundo inteiro ficará um pouco mais iluminado. E quando transformo uma paixão destrutiva dentro de mim em paixão positiva, também presto um serviço às pessoas no mundo. Assim, transmito aos outros a esperança de superação das paixões negativas. Os monges nunca seguiram seu caminho espiritual apenas para si mesmos, mas sempre em solidariedade com todas as pessoas. Essa solidariedade fortaleceu sua paixão no combate contra as forças destrutivas e os capacitou a transformá-las em bênção para os outros.

Pedras de tropeço – o que impede nossa paixão

O maior empecilho para uma vida apaixonada é a acídia: falta de vontade, indiferença, apatia, preguiça, tédio, cansaço. A alma enfraquece e perde toda a energia. Vai-se vivendo simplesmente, sem sentido e sem propósito, sem força e sem comprometimento com os outros. Frequentemente, a acídia se manifesta como inquietação constante. A pessoa precisa se distrair o tempo todo e se dispersar, sendo incapaz de se envolver de verdade com qualquer coisa.

Hoje esse empecilho se apresenta numa forma especial: a acídia digital. Com as novas mídias, somos diariamente expostos a uma avalanche de informações. Muitas notícias de todo o mundo aparecem rapidamente em nossas telas para logo desaparecerem com a mesma rapidez. Se quisermos nos aprofundar com paixão em algo, precisaríamos dedicar muito tempo a isso e também proceder a uma busca cada vez mais profunda na internet e em diferentes plataformas. O resultado frequente é que, com a quantidade de informações, nos tornamos insensíveis. Ficamos presos na passividade, recebemos as informações, mas não ardemos pelo que aprendemos. Saltamos de uma notícia para outra e nos distraímos, o que nos impede de um real aprofundamento em alguma coisa. Com isso, desaprendemos a nos entusiasmar com paixão por um tema. Por exemplo, desaprendemos a nos aprofundar num livro interessante e a mergulhar em outro mundo ao lê-lo, um mundo que enriquece nossa vida. Pois o mundo estranho no qual mergulhamos ao ler está sempre dentro de nós também. Assim, ao ler, descobrimos a riqueza de nossa própria alma.

As informações afluem de fora até nós, mas não nos põem em contato com nossa alma. No entanto, a paixão deve fluir de nossa alma. Ou, como é dito a respeito de Jesus: a força vem da *exousia*, do ser, da essência mais íntima. Só essa força, que flui do interior, é uma força apaixonada, capaz de mover algo no mundo. Informações vazias bombardeadas sobre nós nos paralisam. Não conseguimos decidir qual será o objeto de nossa paixão. O excesso de coisas que nos vêm de fora encobre a paixão dentro de nós e impede que ela se manifeste. As muitas informações sobre outras pessoas, que recebemos das novas mídias, nos levam ou a nos comparar constantemente com os outros, ou a querer nos tornar iguais aos outros, negando nossa própria identidade e personalidade em favor de uma uniformidade. Tanto a comparação quanto a busca por igualdade não nos levam a um empenho apaixonado pela vida, pelas pessoas, por Deus. A paixão precisa de tempo e de um horizonte amplo.

O sentimento que acompanha a acídia é um vazio interior. Para o psicanalista francês Alain Ehrenberg, esse vazio interior é característica do indivíduo cujo objetivo supremo é querer ser ele mesmo. No entanto, muitos se sentem cansados e vazios em sua tentativa de serem eles mesmos. O vazio interior se manifesta no sentimento de ser supérfluo e de não corresponder às expectativas que ele sente na sociedade (cf. Ehrenberg, 2015, p. 18s.). Por isso, Ehrenberg vê a tarefa da psicanálise como menos voltada para os conflitos da vida humana – como o era na época de Sigmund Freud –, e mais para o sintoma não tanto tangível do vazio (p. 272).

Isso corresponde ao que Evágrio entende por acídia. Ela está sempre associada ao tédio. A pessoa sempre absorve novas informações, mas interiormente continua vazia. Ou vive com alguém, mas ao lado do outro se sente vazia. Esse vazio está relacionado com dúvidas que ela tem sobre si mesma, com o sentimento de incompletude. Esses sentimentos abrem em nós um buraco profundo, que tentamos preencher com outras coisas: atividades, comida, conhecimento. Isso muitas vezes resulta em inquietação interna e insônia. A pessoa se sente vazia, mas não consegue permanecer consigo mesma. Evágrio aconselha suportar esse vazio e entregá-lo a Deus, para que o Espírito de Deus possa penetrar nele e transformá-lo. Daí pode surgir novamente a paixão pela vida e pelas pessoas. Quando tentamos preencher o vazio com coisas e ações substitutas, ele sempre nos acompanhará e nos impedirá de experimentar a paixão. Ele deve ser olhado, e então, ao atravessarmos o vazio, chegaremos ao fundo de nossa alma, onde entraremos de novo em contato com a paixão que está sempre presente nas profundezas do nosso ser, mas que também precisa ser constantemente despertada. Para Evágrio, o que importa é curar o ser humano de seu vazio interior. Para Alain Ehrenberg, o esforço da psiquiatria moderna de superar o vazio com os psicofármacos correspondentes representa um risco de colocar o bem-estar no centro do tratamento psicológico e esquecer a cura.

No entanto, há outros obstáculos que surgem na minha vida e enfraquecem minha paixão ou até mesmo a dissolvem por completo. Uma doença, por exemplo. Um homem me contou que uma doença viral o paralisou por um longo tempo e o deixou bastante cansado. Esse cansaço também enfraqueceu sua paixão. Durante a pandemia da Covid, muitas pessoas vivenciaram algo semelhante por algumas semanas. Quando me sinto sem energia, isso também enfraquece minha paixão ou a faz desaparecer completamente. Não consigo mais me empenhar pelos outros, nem iniciar projetos para eles. Nesse caso, minha tarefa consistiria em reconciliar-me com a minha falta de energia e enlutar-me pelo fato de não poder mais me dedicar ao meu trabalho e à minha vocação com a paixão de antes.

Quando me enluto por essa fadiga, encontro, ao mesmo tempo, novas maneiras de viver minha antiga paixão no serviço aos outros. Posso orar por eles, sentir-me solidário com eles em seu sofrimento, a despeito de minha falta de energia. Talvez eu também tenha novas ideias sobre como entender e interpretar o mistério da pessoa que está sofrendo, de modo que minhas ações também possam ser uma bênção para os outros.

Outro empecilho pode ser uma ofensa causada por outras pessoas: Eu me envolvi com toda a minha paixão. Mas agora fui explorado. Os outros aceitaram minha ajuda, mas riram de mim, dizendo que eu era estúpido. E assim, me enganaram sem parar e suplicaram dinheiro ou serviços, para depois zombarem de mim. Talvez eu tenha sido magoado por alguém que estava no mesmo caminho que eu. Essa pessoa me abandonou ou criticou toda a minha ação dizendo que era um egoísmo em torno apenas de mim mesmo. Tais feridas podem me roubar energia. Uma reação comum a isso é eu retroceder e não fazer mais nada. Mas, com isso, estou me prejudicando. Aqui também a tarefa seria reconciliar-me com minha mágoa, minha ofensa. Isso não significa ignorá-las. Eu deixo a dor acontecer. Mas não fico atolado no papel de vítima. Aceito que fui profundamente ferido. Mas reajo ativamente a isso, em vez de ficar resmungando sobre como as pessoas são cruéis.

Depois de me confrontar com minha ferida, posso repensar: Talvez eu não deva mais dedicar minha paixão a essas pessoas, talvez eu deva me separar desses colegas de trabalho. Mas não devo deixar que a ferida me paralise. Aqui também vale a regra: primeiramente, o luto pela ferida, mas depois atravessar a dor até chegar ao fundo da minha alma. Ali eu entro em contato com minha fonte interior e com minha paixão original. Então, posso refletir sobre onde e como quero empregar a paixão agora.

Um exemplo: uma psicóloga se dedicava ao seu trabalho com paixão por seus clientes. Mas então surgiram dificuldades na equipe. Ela se sentiu incompreendida pelos outros e acabou assumindo o papel de vítima, com o sentimento de que todos estavam contra ela. Depois ela própria passou a tiranizar a equipe com sua agressão passiva. Em vez de continuar dedicando sua paixão aos seus clientes, seu comprometimento se transformou em paixão destrutiva. É compreensível que a ferida causada pelos membros da equipe tenha refreado sua paixão. Mas, em vez de reconciliar-se com isso, ela transformou sua paixão pelos outros em paixão contra os outros. Isso não fez bem para ela nem para a equipe. Além disso, ela não podia mais ser a terapeuta empática para seus clientes. Sua tarefa seria enlutar-se pelas mágoas e decepções e, então, voltar a entrar em contato com sua paixão original pelos clientes e sua cura.

Um grande obstáculo no caminho para viver com paixão é a depressão. Nela, "a capacidade de sentir, de querer é limitada" (Hell, 2003, p. 215). Ela se caracteriza pela "perda de riqueza de vivências e de vitalidade. Pessoas deprimidas se sentem abatidas e oprimidas, com ânimo rebaixado. Tudo parece cinza sobre cinza" (p. 216). Nesse processo de perda de vitalidade e incapacidade de sentir algo, também não se pode experimentar a paixão. A pessoa está desconectada de suas paixões, tanto as positivas quanto as destrutivas. "Pessoas deprimidas têm uma experiência de si como desinteressadas e sem concentração, sem sono, sem apetite, sem forças e sem sentimentos" (p. 216), e poderíamos acrescentar: sem paixão. O psiquiatra e psicoterapeuta suíço Daniel Hell vê na terapia uma maneira de pôr as pessoas deprimidas em contato com seus sentimentos negativos, como, por exemplo, o opressivo sentimento de "tristeza, angústia, nojo, culpa e vergonha" (p. 223). Esses sentimentos negativos podem ser uma âncora salvadora para o deprimido, à qual ele pode se agarrar.

Se ele permitir esses sentimentos, poderá atravessá-los e, em algum momento, entrará em contato com os sentimentos positivos e, então, com sua paixão. Quando os sentimentos de nojo, vergonha e culpa são menosprezados, o deprimido se desvaloriza ainda mais e mergulha mais fundo em sua depressão:

> Por isso, parece ainda mais importante não vincular a descrição necessariamente negativa da vivência depressiva a uma avaliação depreciativa dos sentimentos vividos. Ao contrário, prestar atenção aos sentimentos de desânimo – como ilhas de melancolia – pode apoiar o caminho para fora da depressão (p. 224).

A depressão, em alguns de seus sintomas, é semelhante ao que Evágrio descreveu em relação à acídia: o indivíduo se torna incapaz de sentir a si mesmo e de se colocar no lugar dos outros. Gira sempre em torno de si próprio, mas isso não lhe traz satisfação. Pelo contrário, ele se sente vazio, sem relevância, inútil, não tendo sequer forças para se levantar e se dedicar à vida. No final, falta o interesse por tudo – pela vida, pela criação, pela verdade sobre isso. Ou seja, a depressão e a acídia são os maiores obstáculos para uma vida apaixonada.

Capítulo VI

As bem-aventuranças como auxílio para uma nova alegria de viver

Após analisarmos os empecilhos para as paixões, gostaríamos de retomar, por fim, a questão sobre como podemos despertar as paixões que, às vezes, estão ocultas em nós e são reprimidas por outras emoções. Nesse ponto, Hsin-Ju Wu redescobriu as oito bem-aventuranças de Jesus como um auxílio. Elas se encontram no início do Sermão da Montanha. Poderíamos vê-las como um contraponto aos sete pecados capitais, que – como o nome indica – levam à morte, ao enrijecimento, à extinção das paixões. Vimos que a acídia é uma paixão destrutiva, ou seja, o oposto das paixões que promovem a vida. Poderíamos dizer algo similar a respeito dos sete pecados mortais: inveja, gula, avareza, luxúria, soberba, preguiça e ira. Todas essas atitudes impedem o ser humano de viver verdadeiramente. Elas o dominam, a ponto de ele não viver mais por si mesmo, mas ser vivido por essas atitudes destrutivas.

As bem-aventuranças, ao contrário, são caminhos para uma vida apaixonada. Elas nos mostram que podemos preenchê-la com paixão, seja qual for a situação em que nos encontremos. Jesus começa o Sermão da Montanha com as bem-aventuranças. Esse sermão apresenta Jesus como o mestre que reúne em si a sabedoria do Oriente e do Ocidente, do Sul e do Norte. A sabedoria, como também a encontramos nos livros sapienciais do Antigo Testamento, quer nos mostrar como a vida pode ser exitosa. E ela só será bem-sucedida se a preenchermos com tudo o que Deus nos deu em termos de habilidades, força e paixão.

Assim, gostaríamos de apresentar brevemente as bem-aventuranças como caminhos que despertam a paixão em nós, para que nossa vida seja bem-sucedida, ou, como prometem as bem-aventuranças, para que sejamos felizes. A primeira bem-aventurança se refere àqueles que "são pobres de espírito", que estão livres do apego às coisas e à riqueza, como diz o budismo. Quem é pobre de espírito não vive a partir do ter, mas a partir do ser. O filósofo e psicólogo social Erich Fromm descreve o ter como ganância e cobiça. O ser, por outro lado, significa para ele "renovar-se, crescer, espalhar-se, amar, transcender a prisão do eu isolado, interessar-se, dar" (Fromm, 1977, p. 90). Essa é uma boa descrição de uma paixão que desperta a vida. Fromm também associa o ser à pobreza, da qual fala a primeira bem-aventurança: "Para 'ser', devemos abandonar nosso egocentrismo e egoísmo ou, como dizem muitos místicos, devemos nos tornar 'pobres' e 'vazios'" (p. 91). Somente a partir do ser é que podemos viver apaixonadamente, ou, como a Bíblia expressa, a partir da *exousia*, da força interior, do centro. Então, de nós, tal como de Jesus, emanam autoridade, dinamismo e energia.

"Bem-aventurados os que choram," diz a segunda bem-aventurança. Isso, à primeira vista, não soa muito convidativo. No entanto, Jesus quer dizer que quem está preparado para chorar a perda de pessoas queridas pode experimentar um consolo verdadeiro. O luto não é apenas doloroso, ele também é uma capacidade de lidar com a perda e construir um novo relacionamento consigo mesmo e com o falecido. Além disso, trata-se de chorar sonhos de vida frustrados, oportunidades de vida perdidas e a perda de imagens ilusórias de si mesmo.

Quem estiver disposto a fazer isso, sentirá o chão sob os pés. Pois isso é o que significa encontrar consolo: ganhar uma nova capacidade de permanecer de pé, ter uma base firme e suportar algo. Eu só me enluto pelo que amei apaixonadamente. Dói quando perco uma pessoa querida ou quando meu sonho de vida se estilhaça. Isso causa sofrimento em mim. Mas o sofrimento pode se transformar em paixão, se eu me enlutar pelo sofrimento. Enlutar-se não destrói a paixão, mas a transforma, de modo que ela se volta para a realidade de uma nova maneira, tal como ela se apresenta agora, após a perda de pessoas queridas e a perda das minhas próprias ilusões. Por exemplo, conheço um casal que perdeu um filho e transformou essa perda em empenho apaixonado por um grupo de autoajuda da associação "Pais Órfãos".

"Bem-aventurados os que não aplicam violência", diz o texto em seguida, ou, como também pode ser traduzido: "Bem-aventurados os mansos". Isso nos leva a outra forma de paixão: quem não aplica violência contra si mesmo, quem para de se controlar e quem não faz jogos de poder com os outros, irradia vida para as pessoas ao seu redor. Quem é manso e gentil – é isso que a palavra grega *prays* significa – consigo mesmo e com os outros, desperta vida em si mesmo, mas também nas pessoas com quem se encontra. A palavra alemã *sanftmütig* (manso) significa: ter a coragem de reunir tudo o que encontro em mim, tudo o que aconteceu na minha história de vida. Assim, minha paixão se preenche com tudo o que vivi, incluindo as situações dolorosas, o fracasso e meus lados de sombra. O que Jesus quer dizer com “manso” é descrito como coerência pela salutogênese. Somente a pessoa que vivencia sua vida como internamente coesa, como coerente, é capaz de se voltar apaixonadamente para os outros. A coerência leva a uma paixão poderosa, porque tudo o que vivi entra nela. Jesus promete aos mansos que eles herdarão a terra. Eles próprios viverão, em vez de serem vividos. Eles descobrirão um vasto espaço onde poderão concretizar sua paixão.

“Bem-aventurados os que têm fome e sede de justiça”, diz a próxima bem-aventurança. A fome e a sede são uma imagem da paixão que as pessoas demonstram quando defendem estruturas justas na sociedade, quando lutam por um tratamento justo dos colegas de trabalho numa empresa e quando, na família, se esforçam para garantir que todos façam valer seus direitos. Ter fome e sede significa: estender-se em busca de justiça com todas as fibras do corpo e da alma, para que sejamos justos conosco e com as pessoas ao nosso redor, mas sem nos tornarmos fanáticos da justiça. Pois de fanáticos não emana vida, mas apenas frieza e dureza. Fanáticos queimam seu entorno e deixam terra queimada, relações queimadas. A pessoa apaixonada arde sem se consumir, assim como Moisés viu a sarça ardente sem que ela se queimasse. Às pessoas que têm fome e sede de justiça, Jesus promete que serão saciadas, que poderão olhar com gratidão para o que puderam criar em termos de justiça em seu entorno.

“Bem-aventurados os misericordiosos” é o que se segue. Misericordiosos são aqueles que têm um coração para os pobres, que se dedicam com todo o coração e paixão aos marginalizados, aos refugiados e desterrados. A palavra hebraica para misericórdia é a mesma usada para o ventre materno. Portanto, misericordiosas são as pessoas que cuidam de si mesmas de forma maternal, que tal qual uma mãe, nutrem o filho dentro de si, que cuidam dele e o protegem. Ser misericordioso também significa não emitir julgamentos de si mesmo nem dos outros, mas tentar compreendê-los. A palavra grega *oiktirmon* para misericordioso significa, na verdade, ser compassivo. Compaixão, empatia, é uma habilidade de uma paixão saudável. Vimos que a acídia torna a pessoa indiferente, incapaz de se colocar no lugar do outro. Quem, com o coração aberto, sente junto com as outras pessoas, também se dedicará apaixonadamente a elas. A misericórdia protege a paixão de se tornar autoritária e de ignorar o coração das pessoas. A paixão sem misericórdia é incapaz de despertar vida nas pessoas. Jesus promete aos misericordiosos que eles encontrarão misericórdia. Eles vivenciarão Deus como um Deus compassivo, que não os avalia, mas os compreende, que os trata maternalmente.

A próxima bem-aventurança, "bem-aventurados os puros de coração", significa: Nossas paixões frequentemente são turvadas pela ganância e pelo descomedimento, mesclando-se a desejos egoístas; e, às vezes, nos afastamos daquelas pessoas em quem não encontramos paixão. Colocamo-nos acima delas. Assim, facilmente caímos no orgulho, na *hybris*. Consideramo-nos especiais. No entanto, ter um coração puro significa viver minha paixão sem segundas intenções egoístas. Eu me dedico apaixonadamente aos outros, não para ser elogiado por eles, não para poder me orgulhar de mim mesmo. Eu sou apaixonado porque isso é o que condiz comigo. Não avalio minha paixão. Jesus promete aos que são puros de coração que eles verão a Deus. Na tradição grega, isso era, em última instância, a realização do maior anseio humano. E Deus não é encontrado "no céu", mas é visto na beleza da criação, na beleza da arte e do rosto humano. Para nós, hoje, essa bem-aventurança significa: quem se empenha apaixonadamente pelos pobres e feridos, pelos fracassados e alquebrados, vê Deus no rosto do outro, como expressa Emmanuel Levinas, e será abençoado com uma profunda experiência de Deus no encontro com o rosto do outro.

"Bem-aventurados os que promovem a paz" é a penúltima bem-aventurança. A palavra grega *eirenopoioi* significa que criamos paz, que a fazemos ativamente. A palavra *poiein*, que está contida nela, também é a raiz da palavra "poesia". Ela significa um fazer criativo, artístico. Portanto, é preciso imaginação, criatividade e paixão para criar a paz. Não será mediante palavras moralizadoras que as pessoas finalmente viverão em paz umas com as outras, mas apenas quando buscarmos, apaixonada e criativamente, maneiras de promover a paz entre inimigos, porque sentimos, na profundidade do nosso ser, a união com todas as pessoas. A experiência da unidade interior então também nos permite despertar a consciência da pertença, da unidade no outro. Jesus promete aos pacificadores que eles serão chamados de "filhos e filhas de Deus". Eles têm parte em Deus, que é sempre um Deus reconciliador, ou como Jesus diz no Sermão da Montanha, que "faz nascer o sol para bons e maus, e chover sobre justos e injustos" (Mt 5,45).

A última bem-aventurança diz: "Bem-aventurados os perseguidos por causa da justiça". Despertar a vida, mesmo quando somos perseguidos por outras pessoas, quando somos tratados injustamente, quando somos assediados? Isso nos parece muito difícil. No entanto, Gregório de Nissa, o bispo grego e místico do século IV, interpretou esta oitava bem-aventurança com base no esporte. Ele dizia: Quando temos uma corrida de mil metros pela frente, precisamos de outras pessoas que corram conosco e nos incentivem, para que sejamos mais rápidos. Ele aplica essa imagem do esporte às perseguições: Mesmo quando sou perseguido ou quando outros dificultam minha vida com sua maldade, eles não podem me prejudicar. Eles apenas me incentivam a correr mais rápido em direção a Deus, a buscar refúgio em Deus, a estender-me apaixonadamente em direção a Deus e a encontrar meu apoio em Deus, apesar da situação difícil. A característica da espiritualidade apaixonada é que ela não foge para um mundo perfeito, mas encontra o caminho para Deus no meio da vida, no meio das confrontações e lutas da vida, e, apesar de todas as hostilidades, se compromete a lutar por estruturas justas na sociedade.

Muitos cristãos na América do Sul e na África arriscaram a vida na luta por justiça para os povos indígenas. A paixão pela justiça lhes deu a força para perseverar e não desistir. Mas seu empenho por justiça também sempre foi acompanhado de misericórdia. Uma tensão saudável entre misericórdia e justiça leva a uma paixão que é sustentável, humana, e se torna uma bênção para os outros. Ela também se torna uma bênção para as pessoas que são perseguidas por causa da justiça. A elas Jesus promete: "deles é o reino dos céus". Elas experimentam, já agora, que o reino de Deus está em seu meio. No entanto, com o reino dos céus, Jesus promete às pessoas não apenas uma nova convivência, mas também o céu que está dentro delas. Aqueles que seguem a oitava bem-aventurança encontrarão o espaço sagrado dentro de si, ao qual os poderes deste mundo não têm acesso, onde o próprio Deus habita e reina. E ali onde Deus reina em nós, não seremos dominados por nossas paixões destrutivas, nem pelas expectativas, exigências e opiniões das pessoas, nem por suas palavras ferinas e comportamentos hostis. Ali seremos verdadeiramente livres e totalmente nós mesmos, ali poderemos viver a partir do ser, porque não temos mais necessidade de provar nosso valor, de nos justificar. Ali seremos simples, estaremos no ser, assim como Jesus estava no ser e, a partir do ser, podia pregar e agir com autoridade, com força e paixão.

Conclusão

Manter o fogo aceso

Grandes coisas só são realizadas por pessoas apaixonadas, como já sabia o filósofo Friedrich Hegel. Quem se dedica apaixonadamente a algo ou a pessoas, mostra seus sentimentos, sua vulnerabilidade – e com isso também se torna sujeito a ataques. Esse não é um sentimento agradável, pois a pessoa talvez deva se justificar e se defender por se destacar na multidão e, talvez, também seja injustamente acusada e atacada. Por isso, muitas pessoas hoje se escondem atrás de sua "frieza", tentando não demonstrar sentimentos, nem paixão por algo. Preferem ser espectadores a se arriscar e sair queimados. No entanto, se eu me apaixono por algo ou por alguém, sempre vou sair queimado em algum momento. Isso é algo que preciso aceitar. Mas sei que vale a pena, pois sem a paixão de pessoas que defendem seus valores e os outros, nossa sociedade se tornaria cada vez mais fria e cruel.

Neste livro, examinamos diferentes aspectos das paixões, tanto sua força afirmativa da vida quanto o perigo de seu abuso. Quando conhecemos o significado positivo das paixões e, ao mesmo tempo, seus riscos, podemos lidar bem com nossas paixões. O objetivo de nosso livro é promover uma vida apaixonada, um empenho apaixonado pelos outros e uma espiritualidade apaixonada. Temos a impressão de que isso é necessário hoje. Pois vemos o perigo de que, por falta paixão, nada possa progredir, nem na política, nem na sociedade, nem na Igreja. Precisamos de pessoas apaixonadas para transformar este mundo, para preenchê-lo cada vez mais com o espírito de Jesus. Com este livro, queremos também dirigir o olhar para as pessoas apaixonadas que encontramos ao nosso redor, aquelas que se dedicam ao seu trabalho, ao seu time de futebol ou a outra causa. Existem alpinistas ou andarilhos ou surfistas apaixonados. Às vezes, a paixão se concentra em coisas inesperadas. Por exemplo, alguém se entusiasma apaixonadamente por caminhões grandes e frequenta todas as exposições de caminhões. Outro estuda apaixonadamente os horários dos trens. E ainda há quem colecione apaixonadamente selos postais ou pedras raras.

Agostinho assim dizia: Quem sempre dedica uma paixão a algo puramente mundano anseia, no fundo, por algo que é maior do que ele próprio. Na verdade, em todas as suas paixões mundanas, essa pessoa anseia por Deus, o único que pode saciar nosso desejo de uma vida plena. Por isso, é bom olhar com mais atenção para nossas próprias paixões por coisas puramente mundanas e descobrir nelas, em última análise, o anseio por uma vida bem-sucedida e por Deus, que impede que nossa vida se torne vazia e sem sentido.

Desejamos a vocês, queridos leitores e leitoras, que não tenham medo de suas paixões, mas descubram e vivam a força positiva que há nelas. Desejamos que o fogo da paixão em vocês comece a arder novamente. Esse é, em última instância, o fogo do Espírito Santo, que quer arder em vocês para o bem e a bênção das pessoas. E esperamos que, após a leitura deste livro, possam responder à pergunta: Pelo que eu ardo? O que desperta paixão em mim? E de que tipo de disciplina eu preciso para manter minha paixão viva por muito tempo, sem me deixar deter por circunstâncias adversas?

Então desejamos que vocês se tornem pessoas apaixonadas que também contagiem os outros, e que sua paixão seja uma bênção para muitas pessoas e para nossa sociedade.

Anselm Grün e Hsin-Ju Wu

Referências

BOURS, J.; KAMPHAUS, F. *Leidenschaft für Gott. Ehelosigkeit – Armut – Gehorsam*. Freiburg im Breisgau: Herder, 1981.

EHRENBERG, A. *Das erschöpfte Selbst. Depression und Gesellschaft in der Gegenwart*. Frankfurt am Main: Suhrkamp, 2015.

EVÁGRIO PÔNTICO. *Praktikos: Über das Gebet*. Münsterschwarzach: Vier Türme, 1986.

FLEISCHER, M. Nietzsche. *Theologische Realenzyklopädie (TRE)*, v. 24, p. 506-524, 1981.

FROMM, E. *Haben oder Sein. Die seelischen Grundlagen einer neuen Gesellschaft*. Stuttgart: DTV, 1977.

GREINACHER, N. *Gelassene Leidenschaft: eine heute notwendige Tugend*. Colônia: Benziger, 1977.

HELL, D. *Seelenhunger. Der fühlende Mensch und die Wissenschaften vom Leben*. Berna: Hans Huber, 2003.

KLASVOGT, P. (org.). *Leidenschaft für Gott und sein Volk: Priester für das 21. Jahrhundert*. Paderborn: Bonifatius, 2003.

KRINETZKI, G. *Hoheslied. Die Neue Echter Bibel*. Ratisbona: Echter, 1980.

KUTTER, P. *Die menschlichen Leidenschaften*. Stuttgart: Kreuz, 1978.

POPP, G. *Mehr Lust am Leben: von den positiven Seiten unserer Leidenschaften*. Prefácio de Anselm Grün. Mogúncia: Matthias-Grünewald, 1996.

ROTTER, H. Leidenschaft. *Lexikon für Theologie und Kirche (LexSpir)*. Freiburg im Breisgau: Herder, 1988, p. 782 s.

SCHREIBER, M. *Der Blick des Anderen. Der Spiegel*, n. 6, 2006.

SUNDERMEIER, T. Ritus I. Religionswissenschaftlich. *Theologische Realenzyklopädie (TRE)*, v. 29, Berlim, p. 259-265, 1998.

TOMÁS DE AQUINO. *Suma Teológica*. São Paulo: Loyola, 2001.

WEICHEDEL, W. *Die philosophische Hintertreppe: Die großen Philosophen in Alltag und Denken*. Munique: dtv, 1999.

EDITORA VOZES LTDA.
Rua Frei Luís, 100 – Centro – Cep 25689-900 – Petrópolis, RJ
Tel.: (24) 2233-9000 – E-mail: vendas@vozes.com.br